5次元入門 アセンション&アースチェンジ

浅川嘉富

広戸聡一
廣

装丁　⑥Design
カバー写真　AFLO

アセンションとアースチェンジ

アセンションに向かうスピードが加速度的に速まってきている！

今この惑星に一大異変が起きつつある。

未だに多くの人々は、そうした変化が実は、「アセンション」と呼ばれる地球と人類の再生現象（次元上昇）を前にした産みの苦しみであるという事実に気づかずにいる。

アセンションとは、いかなる現象なのか？　それはいつ発生するのか？　その結果、地球と人類はどう変化していくのか？

今、人類は未だ経験したことのない地球大激変に遭遇しようとしている。いや、もうすでにその渦中にあると考えたほうがよさそうである。

そのことは、私のホームページの読者なら十分承知されていることと思うが、一般の方でも、近年続発している地球規模の大災害とそれをもたらす気候変動の凄《すさ》まじさを見れば、今この惑星に一大異変が起きつつあることは実感できるはずである。

しかし、多くの人々は、そうした変化が実は、「アセンション」と呼ばれる地球と人類の再生現象（次元上昇）を前にした産みの苦しみであるという事実に気づかずにいる。それゆえ、今に至るもまだ、物質文明中心の世界から抜けきれず、天が求める精神世界とは、遠くかけ離れた人生を送っているのだ。

アセンションとは、いかなる現象なのか？　それはいつ発生するのか？　その結果、地球と人類はどう変化していくのか？　地球と人類の大変革を前に、そうしたことをできるだけ多くの人々に知っていただくために書き上げたのが本書である。

なお、タイトルには5次元という表現を用いているが、それはあくまで3次元という私たちが今いる世界を越えた次元という意味である。宇宙にはいくつもの次元が同時に存在し、アセンションを果たした地球がどの次元に移行するのかという点についてはさまざまな意見があるが、3次元の1つ上の次元という意味で、本書ではあえて「4次元」と表現している。

4次元世界というと、霊的世界のような時間も空間も超越した、変幻自在の世界をイメージするかもしれない。だが、そこは形のある世界で、肉身のある存在として洋服も着れば、作物も栽培して食し、移動するには形のある乗り物を利用する世界である。

ただ、そうした乗り物を構成する物質が、我々の世界のそれとは波動の高さや粒子の大きさといった点でまったく異なるため、3次元世界からは形のないように見えるだけである。

もちろん、4次元世界が精神性において格段に進んでいることはいうまでもなく、それゆえに、新しい次元に移行するには、意識の覚醒が不可欠なのだ。

一昔前の10年があたかも1年に凝縮されているかのように感じられる昨今だが、そんな早い時の流れの中で、拙著が読者のさらなる意識の覚醒《かくせい》に少しでもお役に立てたら幸いである。

5次元入門　アセンション&アースチェンジ　目次

この書を、地球と人類の大激変に遭遇するに違いない若き年代を代表して
息子の浅川浩と、執筆中いつも傍らにいて励まし続けてくれた愛猫チロに捧げる。

第1の扉　銀河系宇宙には7つの次元が存在する！

ascension & earth change ❶

地球外生命体や人類誕生の知識を得る唯一の手段は、チャネリング！

近年、チャネリングでもたらされる情報は、格段に高度で多岐にわたっている。今日の人類が、宇宙規模のビッグチェンジ（大異変）に遭遇しようとしていることを思えば、それも当然なのだ……

アセンションについて述べる前に、銀河系宇宙に散在する地球外生命体の実体や彼らと地球との関わり、また人類誕生の経緯などについて触れておく必要があるだろう。こうした知識がなければ、アセンションの実態と意味を真に理解できないからである。

残念ながら、私たちが一般的に用いている科学的手段では、そういった情報は得られない。なぜなら、現代科学は「進化論」や「相対性理論」、「ビッグバン」といった誤った考え方を基盤にしており、それによって3次元世界の枠の中に閉じこめられているからだ。

今の私たちにとって、地球外生命体の存在や人類誕生の正しい知識を得る唯一の手段は、「チャネリング」である。「チャネラー」と呼ばれる特殊な能力を持った人は、宇宙に存在する高度に進化した多次元的存在が発する周波数に自分の脳を合わせて、彼らが伝えようとする情報を受信することができる。霊媒《れいばい》や巫女《みこ》、シャーマンなども一種のチャネラーであり、人類は遠い昔からこうした特殊な霊的能力を持った人間を介して、3次元以外の世界からのメッセージを受け取ってきたのだ。

「死後の世界」や「輪廻転生《りんねてんしょう》」の仕組みについて、より具体性をもって知られるようになったのは、19世紀後半のことである。まもなく始まろうとしていた第1次世界大戦とそれに続く第2次世界大戦によって発生する人類の大量死に備えて、霊的世界の存在がその世界の真相を知らしめようと働きかけたことをきっかけに、霊的世界との交流が世界中で活発化。ヨーロッパをはじめ、アメリカや日本の優れた霊媒たちが受信機としての役目を果たしたことで、私たちは、死後の世界の真相やこの世に生を受けることの意味を学ぶことができたのである。

近年、チャネリングでもたらされる情報は、当時に比べて格段に高度で多岐にわたっている。今日の人類が、宇宙規模のビッグチェンジ（大異変）に遭遇しようとしていることを思えば、それも当然なのだ……

ただ、霊界通信やチャネリングによってもたらされる情報のすべてが正しいとは限らない。かつて、手品師同然のいかさま霊媒や動物霊などとつながった低級霊媒によってもたらされたインチキ情報によって、多くの人々が混乱したように、現在でも、宇宙からのチャネリング情報と銘《めい》打ったあやふやな情報が巷《ちまた》にあふれており、偽情報を妄信《もうしん》して進むべき道を間違えてしまった人も少なくない。したがって、宇宙の真実や人類誕生の真相を知ろうと思ったら、数多いチャネリング情報の中から、真実の情報を探し出す必要がある。

真実の情報をもたらせるのは、「高位の存在」にアクセスできるごく一部のチャネラーだけである。意識レベルの高い送信者とつながるには、高いチャネリング能力が求められる。だから、すべてのチャネラーが高位の存在とつながっているわけではないのだ。また、チャネラー自身の人間性も問題になる。高位の存在にアクセスしても、受信するチャネラーの物欲やエゴが強かったら、通信内容はゆがめられてしまうからだ。

一口にチャネラーといってもピン・キリで、かといって、いちいち本人に会って、その能力や人となりを確かめることもできない。それゆえ、私たちが真のチャネリング情報を得ようとしたら、チャネリングに関する一通りの知識を身につけ、自分自身の霊性を磨いて感性を高めた上で、その情報が受け入れるに値するものかどうかを確かめるしか手はないのである。

これから紹介する宇宙情報の中心となっているのは、4人のアメリカ人チャネラーがもたらした情報である。これまで知りえた数多くの情報から、私がなぜこの4人のチャネリング情報を受け入れることにしたのかと問われたら、私の感性が彼らが語る情報に得心し、私の理性がそれをよしとして受け入れたからである。明確な答えになっていないかもしれないが、そうとしか答えようがないのだ。

人は皆、それぞれの人生の中で培《つちか》った独自の感性と理性を備えている。したがって、読者のすべてが、これから述べる私の考えを抵抗なく受け入れられるとは限らない。だから、皆さんの心が素直に納得できる点は受け入れ、得心がいかない点、受け入れがたい点は横に置いて、読み進まれるのがよろしいかと思う。

正直言って、私自身もこの4人のチャネラー情報が100%正しいと確信しているわけではない。彼らの著書や講演を聞いて、疑問に思う点がないわけではないのである。しかし、完璧を期していたらいつになっても先に進めないので、一部の疑問点には目をつむって、考察を進めていくことにしたわけである。

「天の川銀河系（太陽系が存在する銀河）」に最初のヒューマノイドが誕生した時点から、地球に人類が誕生するまでのあらましを述べるにあたって、真偽《しんぎ》の判断をする上で役立つよう、筆者が情報を得たチャネラー4人の略歴を紹介しておく。

▼リサ・ロイヤル

米国マサチューセッツ州立大学ボストン校で心理学を専攻。大学在学中にストレス管理の一環として催眠療法を学び、変性意識状態に入る方法を習得する。1980年代前半、チャネリング能力を開発する集中訓練を受け、人類と宇宙人の結びつきに関する詳細な情報を受信し始める。この分野の研究の成果を数冊の著書（参考文献に記載）にまとめて発表。国内はもちろん、日本やドイツなどでも講演活動を行っている。米国アリゾナ州フェニックスに在住。HP は http://www.royalpriest.com/

▼ジーナ・レイク

臨床心理学カウンセリングの修士号を持つコンシャス・チャネラー。1984年以来占星学の研究も続け、1986年から「テオドール」と呼ばれる多次元的存在とチャネリングを行っている。

▼トム・ケニオン

心理療法家。ハトホルと呼ばれる「宇宙の存在」の働きかけにより、独自のヒーリング法を確立。4オクターブ以上の音域を持つ声や楽器などの豊かな音色を使って、音で癒しを行うサウンド・ヒーラーとして世界的に知られており、マグダラのマリアの意識ともコンタクトしている。

▼ヴァージニア・エッセン

瞑想《めいそう》とセルフ・ヒーリングによってライトワーカーたちを内なる平和へと導く、米国のスピリチュアル・リーダー的存在。編著書に『アセンションするDNA』（ナチュラルスピリット）がある。

ascension & earth change ❷

銀河系宇宙には、次元や形態の異なるさまざまな生命体が住んでいる！

自身の出生の源を自覚していないこと、そして宇宙にはさまざまな形態の生命体が無数に存在し、共に進化の道を歩んでいることを知らないこと。実はこの２点が、人類を長い間３次元世界に閉じこめてきた最大の要因なのである。

まず知っておくべきことは、宇宙には、次元や形態が異なるさまざまな生命体が存在しており、人間型生命体はその中の1つの種に過ぎないということである。私たちの住む太陽系が属する天の川銀河系だけでも、3次元から7次元に至る幅広い次元が存在し、それぞれの次元でさまざまな生命体が進化の道を歩んでいる。その代表格がヒューマノイドと呼ばれる人間型生命体なのだが、それ以外にも最近よく話題になる爬虫類《はちゅうるい》型生命体や、高い精神性と知性を持ったイルカやクジラに似たクジラ型生命体などもいる。

人間型生命体といっても多種多様で、一見しただけでは区別ができないほど私たちの姿に似ている種もあれば、同じの種と考えるには違和感があるような容姿の生命体もいる。頭と腕を備えた二足直立姿勢であること、嗅覚、味覚、触覚、視覚、聴覚などの感覚器官を持っていることは共通するが、器官自体は種によって異なるため、必ずしも私たちと同じような五感を得ているとは言い切れないようである。また、頭部には知的、身体的機能を司る脳に似た組織があるが、すべてが人間の脳と同じとは限らず、頭部と身長とのバランスもさまざまである。

このように、宇宙の星々にはたくさんのヒューマノイドが住んでいるのだが、彼らの知的レベルや精神的レベルは決して一様ではない。知的、精神的レベルともに高水準に達している存在もあれば、知的レベルや科学的知識は高いものの、精神性においては十分な進化を遂げるまでには至っていないもの、また両分野ともに低水準のまま留まっているものもいる。

琴座の星々や大犬座の主星シリウス、うしかい座のアルクトゥルスなどは、知性、精神性ともに進化した星として知られている。こうした星に住むヒューマノイドは遠い昔から高次元（4～5次元）世界に到達しており、科学の分野だけでなく、精神面においても「自我」と「集団意識」、「個体意識」と「全体意識」のバランスをほどよく保っているようで、全体主義や個人主義に偏《かたよ》ることなく、利他心（人のために尽くす心）と協調性を発揮して、平和で実りある日々を送っている。

彼らは時間や空間に対する高度な知識があり、過去、現在、未来という時間の流れに関して、3次元に生きる私たちのような直線的な思考とはまったく違った認識を持っている。また、異次元世界を認識し、その世界の人々と交流する力もあるようだ。

たとえばアルクトゥルスの意識体は6次元世界のレベルにあり、宇宙空間に存在する「時空の扉」や「時空の交差点」と呼ばれる特別の時空間を使って、銀河系宇宙のいかなる場所へも移動することが可能だといわれている。このような高次元の世界に住むヒューマノイドは、その意識（魂）を包む身体がアストラル体やメンタル体と呼ばれる高波動の非物質的な存在で形成されているため、3次元に生きる粗《あら》い波動体の人間にはその姿は見えない。ただし、彼らは自らの波動を自在にコントロールできるので、必要なときにはその波動を下げて人間の前に姿を現すこともある。

同じように高次元の世界にあって、高度な科学的知識や宇宙の真理を知る立場にありながら、長い間、第2の分類に甘んじている星、つまり知的レベルは高いものの、精神性において十分な発展を遂げられず、陰と陽の統合を果たすまでに至っていない人々が住む星々の代表がオリオン座であった（過去形で述べているのは、3次元の時間軸でみると、現在では統合が相当進んでいるからである）。

この星に住むヒューマノイドには、2つの陣営が存在している。全体の維持のためには自己を犠牲にするポジティブ指向の集団と、自己中心主義に凝《こ》り固まって、自己への奉仕こそが全体の奉仕につながると信じるネガティブ指向の集団である。前者は全体主義に偏っているために、自分自身が「全体」を構成する重要かつ不可欠な存在であることを否定する欠陥を持っており、また後者は、個人主義指向が強すぎるために、全体を否定することになってしまっている。

オリオン座では、こうした両者の熾烈《しれつ》な戦いが長期にわたって続いていたが、その間、体制を牛耳《ぎゅうじ》っていたのはネガティブ集団であった。彼らは他者を支配することで自分たちの理念を実践しようとしたため、統治する側とされる側に二分された暗黒時代が続いた。その分離は、地球上の人類が経験したことがないほどの徹底ぶりだという。実は地球上においても見られる「支配体制」や多くの人々が抱く「未知なるものに対する恐怖心」は、オリオンからの影響を受けたものだといわれている。

この第2分類に属する星に住むヒューマノイドはその多くが4次元の非物質的存在であるが、中にはオリオン星人や一部のシリウス人のように物質的肉体を持つ種もある。

さて、第3分類に属する代表格が、我が「地球」である。知性も精神性も共に低いこの世界では、住む人々が自身の来し方、行く末も知らず、また宇宙の真実の姿も知らぬままに、長い間、物質的富を最高の宝と考えて生きている。当然のことながら、そこでは争い事は尽きることなく、憎しみや悲しみの連鎖《れんさ》が人々の心を支配してきた。

地球人類が太陽系の属する銀河系宇宙に住むヒューマノイドたちの介入によって誕生したことは後に詳しく述べるが、人間は霊長類から自然淘汰《とうた》によって誕生したなどという誤った進化論を信じ込まされ、また、ビッグバンや相対性理論などといった稚《ち》拙《せつ》な理論を鵜呑《うの》みにしてきたために、私たちは人類の出自や他の星々に住む仲間の存在も知らぬまま生きている。それゆえ、多くの人類が輪廻転生の仕組みはおろか、人の命の永久《とわ》性や死と呼ばれる現象がいかなるものかも知らずに、刹那《せつな》的な生き方を余儀なくされているのだ。

自身の出生の源を自覚していないこと、そして宇宙にはさまざまな形態の生命体が無数に存在し、共に進化の道を歩んでいることを知らないこと。実はこの2点が、人類を長い間3次元世界に閉じこめてきた最大の要因なのである。

ascension & earth change ❸

ヒューマノイドの誕生と進化

地球が属する銀河系宇宙に７つの次元が出現した時、その最高位の７次元的存在として誕生したのが、「創造の礎たち」ということになる。

この「創造の礎たち」こそ、後に人類の原型（プロトタイプ）となる意識の集団であった。

太古の時代、「大いなる存在（創造神）」の分身として、琴座に「創造の礎《いしずえ》たち」と呼ばれる聖なる存在が誕生した。この「創造の礎たち」こそ、後に人類の原型（プロトタイプ）となる意識の集団であった。

「創造の礎たち」誕生の様子を、リサ・ロイヤルは次のように述べている。

琴座にあるホワイトホールをプリズムに見立てていただきたい。何が起きたかというと、プリズムを通過する光が7色の可視光線に分離するように、「大いなる存在」の一部が琴座のプリズム（ホワイトホール）を通過することによって、その意識が7つの周波数帯に分かれたのである。

（『プリズム・オブ・リラ』）

彼女は、7つの周波数帯というのは7つの「次元」を意味していると述べているので、地球が属する銀河系宇宙に7つの次元が出現した時、その最高位の7次元的存在として誕生したのが、「創造の礎たち」ということになる。

さらに時間が経過し、次の段階へ移動する準備ができた時、「創造の礎たち」は自己を分裂させ始めた。「大いなる存在」が、その思念によって私たちが存在するこの宇宙の領域を創造したように、「創造の礎たち」も自らの思念によって自己を分裂させたのである。

この分裂によって、「創造の礎たち」の集合意識から新たに個別意識が誕生した。個としての「魂」の誕生である。したがって、銀河系宇宙一族の意識体はすべて、この時に分裂した「創造の礎たち」の意識の一部と考えてよさそうである。

こうして誕生した魂はしばらくの間、高次元世界に留まっていたが、やがてさらなる分裂が起きて、それらの多くは個別の意識を発揚《はつよう》するために、3次元〜4次元の肉体的存在となることを選択。エネルギーを凝縮することによって物質が創られるようになったのはこの段階で、やがて個別意識（魂）が望んだ炭素を組成の基盤とする肉体的存在が生み出された。「ヒューマノイド」と呼ばれる二足歩行の人間型生命体は、こうして誕生したのである。

3次元的肉体は現在の人類を見ればわかるように完全な物質的存在だが、4次元的肉体は、3次元的存在とおぼろげな形しか持たない5次元的存在との中間の、エーテル体とかアストラル体と呼ばれる半霊・半物質的存在である。

個別意識たちは、肉体的存在として生きることに慣れるにつれて、「創造の礎たち」からの援助を徐々に必要としなくなっていった。そして、自らが「大いなる存在」の一部であるという自覚もしだいに薄れていったのだ。このことは魂のルーツを見失うという点で、とても重要な意味のある出来事であった。

「創造の礎たち」は、こうした成り行きをすべて承知していた。だが、分離した魂たちが自己の魂の原点に覆いをかけることは、ある意味で魂の成長に必要なことでもあったので、手出しはしなかった。しかも、それぞれの個別意識が自身の原点を知って、いつか必ず、「大いなる存在」に回帰して統合を果たすことを理解していたのだ。

「創造の礎たち」はさらなる分裂を進めるために、次の行動に着手した。まず彼らが行ったのは、琴座全体にヒューマノイド（人間型生命体）を分散させることで、新たに誕生するヒューマノイドの揺籃《ようらん》の地として、琴座の中から複数の惑星が選ばれた。こうして、「創造の礎たち」の自己分裂から生まれた個々の意識体は、それぞれの周波数帯（次元）に合った惑星へと引き寄せられていった。

それぞれの惑星文明が進化して宇宙旅行の技術を持つようになると、星々に散っていった人々の間で、個人や集団のレベルでの交流が盛んになり、琴座の惑星文明は技術、思想、社会面において急速な発展を遂げた。

琴座の主星で、夜間に地球から見えるすべての星の中で4番目の明るさを誇るベガ星は、七夕の織姫星として知られているが、そこに住むベガ星人は独自の思想と霊性を形成し、他の琴座文明とは異なる方向へ進んでいった。彼らは利己的な思想を持ち、「全体」より「個」を重んじる風潮が強かった。全体主義的な傾向が強かった他の琴座文明を拡大指向のポジティブな存在とするなら、ベガ文明は縮小指向を持ったネガティブな存在といえる。

時が経《た》つにつれ、琴座人とベガ星人との間でしだいに葛藤《かっとう》が高まり、両種族は統合に向かうどころか、両極間の対立を助長する方向に進んでいった。この二極化した両文明は、どちらか一方が善で他方が悪だと単純にはいえない。両者は物事を異なった観点から見たに過ぎず、精神的エネルギーの均衡《きんこう》を得る術《すべ》を知らなかったことが、両種族間の溝を一層深めていったのである。

やがて、琴座に「第3の文明」が生まれた。エイペックス文明である。この文明は琴座人とベガ星人が持つポジ（陽）とネガ（陰）の意識の統合を目指したもので、人々は混血が進み、その多様性は現在の地球をはるかに凌《しの》ぐ。ところが、時の経過と共にしだいに統合への意欲は薄れ、やがて武力による衝突へと進んでいく。その行き着いた先は「核戦争」であった。

核戦争で大多数が死滅したが、地下へ避難した一部の人は難を逃れた。その後彼らに起きた精神的・肉体的変容は驚くべきもので、そのために、彼らは現在の地球と深い関わりを持つことになる。

一方、琴座人とベガ星人は、その後も独自の発展を遂げる中、ベガ星に住む多くの集団は内紛を逃れてシリウスやアルタイル、ケンタウルス座の星々へと逃れていった。

また、琴座人の多くの集団もベガ星人との衝突を避け、故郷を離れて別の惑星へ入植し、新たな文明を築いていった。

ascension & earth change ❹

琴座からシリウスへ

シリウスに最初にやってきたのは、5次元の非物質的な存在として高度な知識と高い精神性を持っていた人々だった。彼らはエネルギーを物質に変換する技術を身につけており、意識のあらゆる形態に応じた現実《リアリティー》を創造することができた。彼らこそ、後に「シリウスの長老たち」と呼ばれる賢人たちである。

琴座において最初の文明を誕生させた意識体は、琴座を脱していくつかの領域への探索を試みているが、その1つが大犬座のシリウスである。

シリウスに最初にやってきたのは、5次元の非物質的な存在として高度な知識と高い精神性を持っていた人々だった。彼らはエネルギーを物質に変換する技術を身につけており、意識のあらゆる形態に応じた現実《リアリティー》を創造することができた。彼らこそ、後に「シリウスの長老たち」と呼ばれる賢人たちである。

長老たちは、非物質的な状態に留まることを望む意識体の住む領域、つまりメンタル界（5次元）やアストラル界（4次元）だけでなく、物質的な生命体の誕生をも予期して、肉体を持ったヒューマノイドが生存可能な3次元の世界をも創造した。

後にシリウスに移住してきたベガ星人たちが肉体化することを選択したのは、ネガティブ指向の彼らが「支配の原理」を貫くには、3次元世界が好都合だったからだ。実際、物質的なレベルの現実に踏み込んだ彼らは、「支配の原理」をもとに、人間だけでなく環境や進化の過程をも自分たちの考え通りに支配しようとした。

彼らが入植地として選んだ3次元の惑星では、霊長類が育ちつつあった。それを知った彼らは、この生命体の進化を促進することに躍起《やっき》になった。そして、この土着の霊長類の遺伝子が自分たちの目的達成に役立つことを知った時点で、彼らはその肉体に転生し始めたのである。

新しい肉体に転生するやいなや、彼らの魂は自分たちの起源を忘れ去った。私たち人類が自身の起源《ルーツ》や霊的世界での生活を忘れてしまっているのと同じことが起きたのだ。3次元世界の物質的世界に生まれ変わった魂にとって、これは宿命のようなものなのだろう。かくして自己の霊性を否定する方向に進んだ彼らは、ひたすら他を支配するための力と機構を作り上げることに終始した。

このようなネガティブ指向の文明が発展する中、シリウスには琴座から別の意識集団もやってきた。他者への奉仕を指向し、特に肉体的な苦痛を癒《いや》すことに関心を持っていたこの集団は、ベガから移住した意識とは異なり、肉体を持たないことを選択した。それによって、シリウスにおいても陰陽両極の集団の間に緊張関係が発生し、両者の間に長い戦いが始まったのである。

ポジティブ指向の集団は、ネガティブ指向の人々の潜在意識に膨大な量の愛と癒しのエネルギーを注ぎ込むことにのめり込み、支配欲に偏《かたよ》ったネガティブ指向の人間にとって、これは大変な心理的苦痛となった。本来なら愛や癒しのエネルギーは人の心を安らげ、穏やかな生活の糧《かて》となるはずだが、完全に心を閉ざし、物質的な欲望に駆られた人間にとっては、それは苦痛に等しい感覚でしかなかったのだ。

この両者の確執は、他の星にまで影響を及ぼすまでになり、ついに「シリウスの長老たち」が介入するところとなった。長老たちは紛争をいったん別の場所に移し、両者間の争いを緩和することで新たな統合を目指そうと決めた。長老たちがその地として選んだのが「オリオン座」である。

ascension & earth change ❺

オリオン帝国の出現

ネガティブ指向の人々が支配する「オリオン帝国」で展開された「支配」の様相は、地球人がこれまでに経験したことのないほどの徹底ぶりで、遺伝子操作が権力の強化や弱体化のために行われることもしばしばだった。地球でいう「黒魔術」の実践である。

陰陽両極端の意識たちがオリオン座に移ることによって、シリウスでの紛争はしだいに沈静化した。一方、激しい争いの場がそのまま移されることとなったオリオン座においては、シリウスからの移住者に加えて、新たに琴座やベガ星から新天地を求めてやってきた意識が加わって、銀河系宇宙の壮大な葛藤劇の歴史が幕を開けた。

オリオンにおける陰と陽の違いは、シリウスのそれよりもさらに大きく、ネガティブ指向の集団は、自己中心主義に凝り固まっていた。それは「他者を支配する」ことによって、自分たちの理念を達成するという考え方に立脚し、その考えが悪名高い「オリオン帝国」(オリオンを支配するネガティブな集団)を生み出すことになる。

そこで展開された「支配」の様相は、地球人がこれまでに経験したことのないほどの徹底ぶりで、遺伝子操作が権力の強化や弱体化のために行われることもしばしばだった。地球でいう「黒魔術」の実践である。裏を返せば、ネガティブ指向のオリオン人たちは、自分たちと異質な存在に対する異常なまでの「恐怖心」に支配されていたのである。彼らは後に地球文明と深い関わりを持つことになるのだが、その結果、彼らの「支配欲」と未知の者を恐れる「恐怖心」は、私たち人類の意識にも大きな影響を及ぼしている。

こうしたネガティブ集団の考えの根幹にあったのは、「自己に奉仕することは、全体への奉仕につながる」である。しかし、この考えを実行する方法論そのものが、全体を否定することになる点を、彼らは見落としていた。

一方、ポジティブ指向の集団は、「他者への奉仕」に終始していた。自己を犠牲にしても他者に仕えることが、生きていく上で最大の意義だという彼らの考え方は一見正しく思えるが、重大な問題が隠されていた。「個」は「全体」に欠かせない存在であり、自己犠牲も度を越してしまっては、全体を壊してしまうことになることを、彼らは見過ごしていたのだ。

オリオンの文明は、このような意識間の熾烈な戦いを展開しながらも、一方で高度な技術を開発し、発展させていった数少ない文明の1つでもあった。こうした技術は感情面にも及び、陰陽それぞれの長所・短所を熟知した多くの魂たちは、輪廻転生を通じて両陣営に交互に生まれ変わり、陰陽のバランスをとることを学んでいった。

とはいえ、その後も陰陽の葛藤はやむことなく続いていた。この間に、「支配する人々」と「自己犠牲をもいとわない人々」以外の、オリオン帝国に抵抗する第3の組織が誕生した。支配者と被支配者との間に生まれたこの地下抵抗組織の力は日増しに強まっていったが、ネガティブ指向の人々が支配する「オリオン帝国」を瓦解《がかい》させて、平和をもたらすまでには至らなかった。それどころか、彼らの出現は「支配する人々」と「自己犠牲をもいとわない人々」の戦いに「火に油を注ぐ」結果となったのだ。

こうして三つどもえの戦いは長期にわたって、いつ果てるともなく続いていった。カオス（混乱・戦い）の中にも常に神聖な秩序は存在する。銀河系宇宙一族は、その神聖な秩序が真の統合を生むことを信じつつ、三者間の葛藤の行方を見守るしかなかった。

やがて、オリオンに奇跡的な現象が起きる。人々の心の中に統合への絶望感が広がる中、霊的な胚胎《はいたい》期間を経て、オリオン人たちのあらゆる希望と夢を実現する「新たな魂」が誕生したのである。

これらの魂は、いかなる憎しみや恐れからも解放されており、誕生したその時から、惑星の地中深い安全な場所に隔離されて育てられた。そこは、エネルギー的にも感情的にも中立的な立場にあったので、これらの意識は極化することがなかった。成長した彼らは、布教活動を開始。こうした存在がオリオンの旧来の葛藤に新たな光を投げかけ、永久に続くと思われた戦いに終止符を打とうとする機運が高まっていったのである。

陰と陽の力関係がより高い視点から理解され始めると、オリオン文明における陰と陽のエネルギーの統合を、別の場所で実現しようとする人々が出現した。こうして、宇宙の新たな場所で再出発する舞台として選ばれたのが「地球」である。かくして、「創造の礎たち」は肉体を持つさまざまな宇宙人を総動員して、地球人種の創出にあたらせることになったのだ。

しかしながら、統合を目指したはずの地球でも、ことは思うように運ばなかった。長い歳月を経た今日でも、我が地球でオリオン文明の「過去」のドラマが演じられているのは、見ての通りである。政治・経済・宗教・科学などのあらゆる分野で、人々を誤った方向に導く方策がとられ、マスコミでは偽情報が湯水のように流されている。このような形で自由自在に人々を操ろうとしている陰の支配層とその意向のままに動かされている手先たちの行動は、まさにオリオン帝国を支配したネガティブ集団そのものである。

一方、現在の地球と同じ時間軸上にあるオリオン文明では、すでに戦いの傷痕《しょうこん》を癒し終え、次なる次元に向かっての新たな歩みを始めているようである。

第2の扉

人類のルーツは多次元宇宙にある！

ascension & earth change ❻

プレアデス人と地球

地球人の創出には、地球の土着の種族と地球外種族の双方の遺伝子が必要なことが明らかとなり、その対象として選ばれたのがプレアデス人だった。彼らはかつて地球の霊長類の遺伝子を組み込んだ、あの地球型プレアデス人の子孫たちである。

実は、オリオン星人たちが地球を目指すよりはるか以前に、地球に到来していた集団があった。

琴座において、受容的で直感力に富んだ女性原理の思想を体現しようとする陽の集団と、男性原理を指向し、進化のために宇宙の領域を支配すべきであると考える陰の集団との間に、大きな軋轢《あつれき》が生じた頃、ある一団が両者の葛藤から逃れて、独自の文化を発展させようと決意。3次元的肉体へと変身して、新天地を求めて銀河系宇宙に旅立った。旅の過程で、彼らが発見した天然資源に恵まれた若い惑星、それが「地球」だったのである。

地球に移住した琴座人は、当時、地球上で進化の過程にあった霊長類と数世代にわたって平和的に暮らした。しかし、地球での生活に順応しきれなかった彼らは、霊長類の遺伝子を自分たちの体内に少しずつ取り入れ、地球環境への適応を図っていった。地上にネアンデルタール人が登場する（約25万年前）のは、それからずっと経ってからのことである。

琴座系地球人のＤＮＡが変化し始め、地球の自然環境や物質的環境にしだいに慣れて快適な生活が送れるようになった頃、「創造の礎たち」の命を受けた琴座人の先遣隊がやってきた。「オリオンの葛藤劇」の終焉《しゅうえん》を目指した人々を迎え入れる準備のためである。

新たな集団の到来は、やがて、先に地球に移住していた琴座系地球人との葛藤を生むところとなった。その結果、かつての葛藤を記憶している琴座系地球人は、同じ葛藤劇の再現を避けるべく地球を離れることを選択。再び新たな惑星を探すことにしたのである。

銀河系宇宙の広範な領域をリサーチして彼らが選び出したのは、青く輝く若い星の一群、プレアデス星団（スバル座）であった。彼らが独自のアイデンティティーを貫き、陰陽のバランスのとれた文明を築くには、プレアデスは最適な入植地だった。地球から肉眼で眺めると、プレアデス星団には７つの星しか見えないが、そこには生命体の棲息が可能な惑星が何百とあるのだ。

彼らの入植計画が他の星の人々に知られるようになると、当時、新天地を求めてい た琴座直系の人々も、プレアデス星団の他の領域へ入植し始めた。その後、世代交代が進んでいくと、プレアデスでは、琴座文明とは異なる思索《しさく》的な側面を特色とした独自の文明が生まれ、安定した時代が何千年にもわたって続いた。その結果、プレアデス人はヒューマノイドが持つ自然な性癖（競争心や争い）を抑える傾向が強くなり過ぎた。人の生き方とはなんとも難しいものである。

その後、プレアデス人の中からオリオンに出向き、オリオン文明の葛藤劇に参画する集団が出現。彼らは、オリオン帝国の闇の部分を是正することに生き甲斐《がい》を見出《みいだ》し、それによってプレアデス人のマイナス面を打破しようとしたのである。しかし、彼らの行動は実を結ぶことはなかった。そして、プレアデス星団の一惑星が、オリオン帝国に破壊されたことをきっかけに、彼らはオリオンの葛藤に積極的に関与することをやめ、故郷の星に戻っていった。

その頃、地球では「地球人」を生み出すプロジェクトが進んでいた。この計画には肉体を持った琴座人の指揮の下、シリウス人など複数の宇宙人集団が加わっていた。地球人の創出には、地球の土着種族と地球外種族の双方の遺伝子が必要なことが明らかとなり、その対象として選ばれたのがプレアデス人だった。彼らはかつて地球の霊長類の遺伝子を組み込んだ、あの地球型プレアデス人の子孫たちである。

かくして地球上に新たな人間型種族が誕生したわけだが、その最初の種の1つがネアンデルタール人だと思われる。つまりこの人間型種族は、「地球上の生命体」と「地球外の生命体」の双方に起源があるということだ。

アウストラロピテクスの一種がネアンデルタール人に進化するのに200万年以上もの歳月がかかり、その後、わずか3万5000年～4万年でホモ・サピエンス（クロマニヨン人）が出現していることを考えると、宇宙人による遺伝子操作が初期の霊長類（アウストラロピテクスの一種）に施され、さらなる操作によってクロマニヨン人を誕生させたと考えられる。

こうした経緯で、地球人と最も近い血縁者となったプレアデス人は、地球人の発展に関与することが許され、何万年もの年月を通して、地球上に存在したすべての未開文明と交渉を持つことになるのである。

ascension & earth change ❼

プレアデスの魂を持つ人々

神道家川面凡児とキリスト教の大預言者ハイエット卿の２人がかつて同じスバル座の星にいた知り合いだったという途方もない話は、プレアデス（スバル）と人類の誕生との関わりを示す実例である。

プレアデス星団の話が出たところで、プレアデス人と地球人との関わりが決して空言《そらごと》でないことを裏付ける、興味深い実例があるので紹介しよう。

明治から大正時代にかけて活躍した有名な神道家に、川面凡児《かわづらぼんじ》という人物がいる。奈良時代以前の古伝禊法《みそぎほう》の復活に生涯をかけた川面翁《おう》は、その後、それが国内のすべての神社に取り入れられていることを考えると、日本神道の生みの親ともいえる。

この川面の翁《おきな》は宇佐八幡の神社にこもった時、白いイノシシに乗った380歳の聖仙に出会い、38日間かけて古神道の奥義をすべて伝授されたといわれており、その生涯で見せた奇跡は枚挙にいとまがない。

当時、川面翁のもとには、国内はもとより、海外からも多くの著名な学者が訪れているが、その中にキリスト教の大預言者で、キリストの再来と騒がれたフランク・ハイエット卿（当時75歳）がいる。大正14年3月5日、川面翁はオーストラリアから来たハイエット卿に向かって、彼の霊魂がスバル座から地球にやってきたことを告げ、かつて同じスバル座の星に住んでいた自分と知り合いだったという途方もない話をしている。

あなたは、このあたりの境地が分かる人であると信じるのでお話しするが、「すばる」という星座がある。日本では7つの星というが、シナでは昴宿《ぼうしゅく》という。ここには望遠鏡にも入らぬほど多くの星がある。この星座の中に、人間の言葉で言えば紅の星があり、緑の星がある。ある時代に、私は紅の星に生まれ、あなたは緑の星に生まれ、私の紅の星に常に遊びに来られたのだ。

そうしてあなたは緑の星でも、紅の星でも腕白者で、わがままで、すべての人に厄介ばかりかけておられた。しかし、あなたは一面では禽獣《きんじゅう》を愛し、善きことを積まれたのでこの人間世界に生まれてからは、善根の報いが現れて、一見したところでは、さほど金子《きんす》のある相格ではないが、百万長者であるのだ。

私はあなたとは逆に、紅の星にありて、すべての天人と仲よく暮らしたのである。正直に寛容にして、人と争うことがなかったのだ。その報いで、この人間界においては、神のお守りと人々の同情によって、何ら苦しみなく、罪なく、清く、美しく、お米のおかゆと野菜だけで幸せに暮らしている。

私とあなたとは、このような天上界における昔の契《ちぎ》りで、今宵《こよい》出会ったために、その親しみが私たち両者の胸に流れ通うので、私の家があなたの家のように思われるのである。

（『大予言』）

ハイエット卿は「青い星」から来たことを天から啓示されていたことがあったが、そのことを口外したことはなく、自分の胸にだけ秘めていた。また、「青い星」がスバル座の星であることも知らなかったので、川面翁の話を聞いて非常に驚いた、と述べている。しかも、自分の性格も履歴も、今の生活状態も、翁のいう通りだった。ハイエット卿は涙を浮かべて懐かしそうに翁を見、鞄から雑誌を取り出して自作の「緑の星」の詩を読んで聞かせたという。

人類の進化に貢献してきた人々の中には、銀河系宇宙の進化した星々から転生をしてきている魂がいるという話は聞いたことがあるが、2人はまさにその典型だ。

チャネリングや前世体験といったことが話題になることもない時代で、しかも2人とも信頼に値する傑出《けっしゅつ》した人物だけに、両者の話はプレアデスと人類との関わりを示す重要な証言といえよう。

ascension & earth change ❽

人類の誕生に関わってきた宇宙人の３つのグループ

何世代にもわたって霊長類と宇宙人（プレアデス人）との遺伝子の交配を進めた末に、琴座系のグループは、地球人種の原型《プロトタイプ》を誕生させることに成功した。この原型こそが「大地から創られた」という意味の「アダム」である。

地球人種の原型となるアダムとイヴは１人の人間として記されているが、実際には、数多くのアダムとイヴがいたのだ。

これまで述べてきたように、地球人類の創造に関わってきた宇宙人には、3つの主要グループが存在した。「創造の礎たち」、「琴座系のグループ」、「シリウス系のグループ」である。

「地球におけるヒューマノイドの創造」の総指揮をとったのは「創造の礎たち」で、7次元の世界から送られた彼らの思念にしたがって実動隊となったのが、肉体を持った琴座系とシリウス系のグループであった。

とはいえ、琴座系とシリウス系グループの地球型人類に対する思いが同じだったわけではない。

琴座系グループの人々は、琴座系から発生したさまざまな種族、ベガ、シリウス、オリオンなどの間で、永久とも思えるほど長期にわたって続いた闘争の歴史に辟易《へきえき》していた。そこで彼らは地球人種の創造時点から、二極性の因子を抑えた統合の可能性を持った人種を創ろうと計画を立てた。新たに創られる種族には、二極性すなわち「善悪」の知識を持たせず、その萌芽を防ぐために新人類を取り巻く環境を厳密に制御する。彼らはそう考えたのである。だが、それが地球人種の選択の自由を制限する行為であることを、彼らは理解していなかった。

何世代にもわたって霊長類と宇宙人（プレアデス人）との遺伝子の交配を進めた末に、琴座系のグループは、地球人種の原型《プロトタイプ》を誕生させることに成功した。この原型こそが「大地から創られた」という意味の「アダム」である。

その後、同様のアダムは数多く創られて各地に送られて、満足のいく状態で地球の環境に適応するかどうかを試された。そして、すべての環境に順応することが確かめられると、アダムたちは再び集められた。そのアダムから、クローン技術と遺伝子工学によって、女性「イヴ」の原型が創られたのである。旧約聖書にある「そこで神は深い眠りに人を臨ませ、彼が眠っている間に、そのあばら骨の1つを取り、ついでそのところを肉でふさがれた」は、その時の様子を述べたものである。ただ聖書では、地球人種の原型となるアダムとイヴは1人の人間として記されているが、実際には、数多くのアダムとイヴがいたのだ。

やがて、アダムとイヴは区画された自然環境に戻されて、入念に観察された。二極性の知識を持たない人種の創出を願っていた琴座人は、アダムとイヴの世話役を務める宇宙人全員に対して、そのような知識を彼らに与えないように指示した。

そのことは、旧約聖書に次のように記されている。

あなたは園のどの木からでも、心のままに取って食べてよろしい。しかし、園の真ん中にある木の実を食べてはならない。いや、それに触れてもならない。あなた方が死ぬことにならないためだ。

一方、同じ計画に参画していたシリウス人の真の目的は、地球を含む近隣の諸惑星の植民地化が進む中で、肉体労働に使役できる人間の創造だった。そのため、琴座人の計画に参入する一方で、シリウス人たちは彼らの目の届かない地域で知能の低い従順な人種を創り、肉体労働に従事させた。

そのようなシリウス人も、アダムとイヴたちの育生に深く関わるうちに、しだいに新生地球人に愛着を抱くようになり、琴座人の目指す方向とは逆に、地球人に選択の自由を与えるべきだと考えるようになっていった。

ヘビは女に言った。あなたがたは決して死ぬことはないでしょう。それを食べると、あなたがたの目が開け、神のように善悪を知るようになることを神は知っておられるのです。

「ヘビ」とは、シリウス人のことである。

かくして善悪の木の実を食べた新人類・アダムとイヴは、肉体的な存在として確固たる自覚を持つようになった。やがて人類の祖たちは、「私は私である」という自我に目覚めて自己を認識し、善悪に対してもそれぞれの考え方を持つようになっていったのである。

もう1つ、シリウス人たちが地球人種に行った重要な操作があった。人間の細胞の中に、あるDNA情報を組み込んだのである。このDNA情報は、人類が霊的に進化し始めた時に起こる周波数の上昇によって起動するように仕組まれていた。つまり、人類が自身の出生の起源に気づき、宇宙の真理に目覚めて統合に向かう気持ちを持った時、絡《から》まった糸が一気にほどけるようにこの遺伝子コードは起動し、これまでの狭い視野から抜け出して、「大いなるすべて」の計画の全容を知ることになるのである。

それは、時が来た時、人類が長い間閉じこめられてきた3次元の世界から飛び出して、高次元の世界へ移行することが可能になることを意味している。

どうやら、人類が今遭遇しようとしているアセンションに際し、新たな世界への旅立ちの引き金となるのは、意識の覚醒によって引き起こされる遺伝子コードの起動であるようだ。

ドゴン族とシリウスとの関係

ロバート・テンプルは、シリウス星系には知的生命体が存在すると断じた上で、「そのシリウスの知的生命体は太古の地球を訪問したことは疑いの余地がなく、人類の文明は間違いなく彼らによって与えられた」と述べている。

先の項で、人類とプレアデスとの関わりを示す川面翁とハイエット卿の話を紹介したが、シリウス系との関わりを示す興味深い話もある。マリ共和国の南部地方、ニジェール川沿いのバマコという町の近くバンディアガラ高原に住む先住民ドゴン族には、自分たちはシリウスＢ星から来たノンモという神から文明を教わったという伝承が残されているのだ。

不思議なことに、大昔から彼らはシリウスが主星「シリウスＡ」と伴星「シリウスＢ」とからなる二重星であることや、もう１つの恒星「シリウスＣ」が存在すること、また、シリウスＢが異常に重い星（白色矮星《わいせい》）で、楕円形の軌道を約50年の周期で公転するという大変高度な天文学的知識を持っていた。

シリウス本体（シリウスＡ）はマイナス１・５等星の最も明るい星であり、その存在は昔から知られていた。だが、その伴星であるシリウスＢは8・7等星という極端に暗い星であり、その上、主星の明るさに隠されて肉眼では見えないために、その存在が知られたのは19世紀半ば、その詳細が明らかになったのは、１９２０年代になってからである。また、「シリウスC」が発見されたのは、1995年のことなのだ。

ドゴン族は、他にも地球は太陽のまわりを運行していること、土星にはリングがあること、また、木星には4つの衛星があることなども知っていた。さらに、彼らは、月は「乾燥していて、乾ききった血のように死に絶えている」という知識まで持っていた。

現代科学が最近になってつきとめた事実を、天体望遠鏡すら持たないドゴン族が数千年も前になぜ知りえたのか。

その謎を解くには、太古の時代に地球を訪れたシリウス人とドゴン族の関わりを考えるしかなさそうである。

『知の起源』(角川春樹事務所)でドゴン族の不思議な知識を伝えたロバート・テンプルは、シリウス星系には知的生命体が存在すると断じた上で、「そのシリウスの知的生命体は太古の地球を訪問したことは疑いの余地がなく、人類の文明は間違いなく彼らによって与えられた」と述べている。

ascension & earth change ⑩

人類とエイペックス星人との遭遇

エイペックス星では、遠い過去に他人に奉仕するポジティブな存在と自己奉仕型のネガティブな存在との間で争いが続いた後、核戦争に至った。核戦争後に彼らがとった行動は、放射能の被害を避けるために地下に移住することだった。

天文学書に記載されているレクチル座の「ゼーター星」は、かつてはエイペックス星だったのだ。

他人に奉仕するポジティブな存在と自己奉仕型のネガティブな存在との間で争いが続いた後、核戦争に至ったエイペックス星において、生き残った人々は放射能の被害を避けるために地下での生活を余儀なくされた。地上では大気汚染と放射能汚染が深刻な連鎖反応を起こし、その後、惑星のエネルギー場が物質を超えた超原子レベルで崩壊した。その結果、周囲の時空間に電磁的なゆがみが生じ、惑星全体が空間連続体に沿って別の場所に移動するという信じがたい状況が発生した。その移動先は、元の位置から遠く離れた「レクチル座」と呼ばれる星団の一角である。天文学書に記載されているレクチル座の「ゼーター星」は、かつてはエイペックス星だったのだ。

しかし、地下に逃れて生き延びた人々は空を眺めることもできず、自分たちの住む惑星が別の位置に移動していることを知る術がなかった。長い歳月を経た後、再び地上に出ることができた彼らは、その時初めて自分の星に起きた異変を知ることになったのである。

後にゼーター・レクチル星人と呼ばれるようになったエイペックス星人がたどった

肉体的・精神的変容には、大変興味深いものがある。核の恐しさを痛感した彼らは、二度と無謀《むぼう》な争いをしないよう、ポジ（陽）とネガ（陰）の両極の意識を抑えることに専念した。両極の対立こそが、自分たちの住む惑星を破壊へと導くことになったことを理解したからである。

彼らは遺伝子操作によって、感情の働きをできるだけ抑え、知性の発達に焦点を絞った人間創りを進めた。その結果、彼らの子孫たちからはしだいに個性が消え、かつての感情豊かな種族から、無感情な種族へと変貌《へんぼう》を遂げたのだ。

こうした精神的な変容と同時に、肉体的な変化も進んでいった。地下へ移住したある時点で、彼らの身長が小さくなる一方、頭蓋骨《ずがいこつ》が急速に肥大。その結果、出産時に死亡する産婦と胎児が急増し、人口が減少するという事態が発生したのだ。

種の滅亡に直面した彼らが見出した解決策が、クローン技術だった。生殖、受胎、出産のサイクルに代わって、実験室で子孫を創り始めたのだ。新しく生まれる子供たちには、地下の生態系に順応できるように、さらなる遺伝子操作が行われた。

遺伝子操作やクローン技術は核戦争の始まるはるか前から研究されていたのだが、必要性に迫られてめざましい進歩を遂げた。そうした技術を駆使して誕生したエイペックス星人（ゼーター・レクチル星人）は、肉眼では見えない光波（不可視光線）や地下にある発光性鉱物から栄養素を摂取できるようになっていた。身長に比して不釣り合いなほど大きくて髪の毛のない頭部、小さな鼻と大きな目、退化した性器と消化器官など、その容姿は「宇宙人グレイ」との共通点が多い。

実は、グレイはエイペックス星人の片割れで、彼らは地下に住むようになった段階から、ゼーター・レクチル星人とは精神的に異なった進化を遂げ、地上に出た後は、オリオン人と接触しながら、ネガティブな生き方を続けている人種である。

今地球には、さまざまな星からの宇宙人が来ているが、彼らの中で最も頻繁《ひんぱん》に人間と接触しているのは、かつてのエイペックス星人、つまり、ゼーター・レクチル星人だといわれている。

ゼーター・レクチル星人は、怒りや悲しみ、愛や憎しみといった感情が希薄で、わずかに残っているそれらの感情も、私たちの持っているものとは大きく異なっている。例えば「愛」の概念についていうなら、自分を集合意識体の一部とみなす彼らには、個々の人間に対する愛というより、集合意識体全体に対する愛が主となっているようである。クローン技術で子孫を誕生させたという特殊な事情も加わって、赤ん坊や小さな子供に対しても、私たちのように愛《いと》おしさを感じることはほとんどないようだ。

このように、意識面において特殊な進化の道を歩んできたゼーター・レクチル星人は、やがて、集合体としての意識を重んじすぎたことに気づくことになる。進化の壁の一面に突き当たったのである。

ゼーター・レクチル星人が、今、地球人に強い関心を示し、積極的に接触してきているのはなぜなのか。人類には、彼らの遠い祖先が持っていた個性や感情がそのまま残っているからである。彼らはこのままでは種の存続も危ういと考えており、さらなる進化を遂げるためには、なんとしても個性と豊かな感情を取り戻さなければならないと考えているのだ。

この数十年、頻繁に起きている人類の誘拐事件とUFO内で行われている遺伝子実験の多くは、彼らがそうした目的のために行っているものである（この誘拐と人体実験については、本人が転生する以前に、すでに了解していることだという）。

しかし、彼らが頻繁に地球に来ている理由は、それだけでない。自分たちの住む惑星を破壊するという愚かな行為の二の舞を人類に演じさせないよう、我々に協力することも大きな目的の1つだと、彼らは語っている。核戦争の悲惨な結果が、彼らを異常な生態系生命体へと導いてきたことを考えると、今なお核の脅威におびえ続けている人類が彼らから学ぶことは多いはずだ。

また人類は、彼らとは逆に、偏りすぎた「個の意識」に代わる「集合意識」を学ぶことによって、利己主義的な発想や憎しみや苛立《いらだ》ちといったマイナスの感情を制御する術を身につけるチャンスを与えられているのかもしれない。

第3の扉

新たなる次元の扉はこう開く!

ascension & earth change ⑪

地球のアセンションの特異性

地上に存在するすべての人間がみな揃《そろ》って、高次の世界へ移行できるわけではない。地上の天国が到来する前に、アースチェンジと呼ばれている地球大変動が避けて通れない。地球大変動とは、地震、津波、洪水、火山噴火、ハリケーンといった地球規模の大惨事のことである……

これから先、地球と人類が遭遇しようとしているアセンションと呼ばれる現象は、いったいどのような現象なのか？　また、アセンションに向かう地球を取り巻く環境は、どのように変化するのだろうか？

アセンションが文字通り「次元」の上昇を意味しているのであれば、地球と一緒に、そこに住むすべての生命体が高次元世界へ移行する一大イベントということになる。しかも、今回の次元上昇は長大な歳月をかけて緩やかに進行するのではなく、数十年の短期間に完結する可能性が強く、その点が過去に他の天体で起きたアセンションと大きく異なるといわれている。

そのため、これから先アセンションがどのような形で進行し、人類にいかなる変化が起きるのか、他の星に住む人々も興味津々で、近年、銀河系の内外から地球圏内に来る知的生命体たちが急増。中には4次元的肉体を持ったまま宇宙船に乗って地球にやってきているエイリアンもいれば、霊的存在として、地球を取り巻く霊的世界に来ている生命体もいる。

では、なぜ今この時期に、この広い宇宙でも稀有《けう》な一大イベントが起きようとしているのか。はっきりした理由はわからないが、思うに、人類の進化、つまり「意識の上昇」があまりに緩慢《かんまん》だったがために、地球の次元上昇のタイムリミットが来てしまったからではないだろうか。

それゆえに、今回のアセンションでは、他の星では見られなかったいくつかの特異な現象が起こるようである。その1つは、地上に存在するすべての人間がみな揃《そろ》って、高次の世界へ移行できるわけではないという点である。もう1つは、地上の天国が到来する前に、アースチェンジと呼ばれている地球大変動が避けて通れないという点である。地球大変動とは、地震、津波、洪水、火山噴火、ハリケーンといった地球規模の大惨事のことで、すでにその前兆とも思える大災害が世界中で起こっていることは、読者もご存じの通りである。

一点目については、地球そのものが誕生してから長大な歳月が経過し、すでにシフトの時期が到来しているにもかかわらず、高い次元に進める意識レベルに到達していない人々の存在が原因である。このまま3次元世界に留まるか、高次元の世界へ進むか、人類は今ふるいにかけられているのだ。

これをたとえ話で説明しよう。

家が老朽化して近代的な建物に建て替える時期が来ているのに、その家に住む家族の中に、新しい家に備わるハイテク機能を使いこなせる人と、まだそのレベルに達していない人がいる。しかし、家は崩壊寸前で、このままでは近隣の家や町全体に迷惑がかかってしまうために、その対処に一刻の猶予《ゆうよ》もない。

そこで、家族全員を一堂に集めて急遽《きゅうきょ》、ハイテク機器の使い方の勉強会を開くことになった。この勉強会は必要に迫られた短期集中型で、これまでこの種の知識に関心を向けてこなかった者は、途中で脱落を余儀なくされるのだ。

合格した者は古い家の取り壊しと新築作業に参加し、家が出来上がったら近代的な新しい家に住むことができる。一方、脱落した者は住み慣れた家を出て、遠くにある旧来型の家に移り住むことになる。

ここでいう「家」と「家族」とは、「地球」とそこに住む「人類」のことで、「近隣の家」が「太陽系の惑星」、「町全体」が「銀河系宇宙」、そしてハイテク機器を使いこなす「技術」とは、高次元の世界で生きていくのに必要な「意識の覚醒」ということである。

今回の地球のアセンションが宇宙的視野から見ても劇的なイベントになるだろうといわれているのは、よその家（他の惑星）では新居への移行に十分な準備期間があったのに、我が家（地球）では家族（地球人類）の多くが準備を怠《おこた》っていたため、短期間で建て替えを余儀なくされたからに他ならない。つまり、これまでアセンションを成し遂げた他の惑星は、3次元から4次元～5次元世界に数千年の歳月をかけて移行しているのだが、地球の場合、わずか数十年で移行しなければならないところに、今回の特殊性があるわけだ。

人類は、地球という我が家をあまりに酷使《こくし》し、痛めつけてきた。しかも短期間で取り壊すとなると、その取り壊し作業で多くの犠牲者が出ることは避けられそうもない。

繰り返された核実験によって家の大黒柱はゆがめられ、まき散らされた有害物質で壁はスカスカとなり、垂れ流された汚水で土台はガタガタになってしまっているのだから。

ascension & earth change ⓬

物質的存在から非物質的存在へ

地球に存在する人間、動植物や鉱物を含むすべての物質は3次元世界の産物。それらが4次元ないし5次元世界へと次元を上昇することは、物質状態からエネルギーの状態へと変化すること。すなわち人間や物質を形作っている粒子がより微細になり、その波動が一段階高まることである。

ところで、地球や人間が次元上昇するとは、どういうことなのか？　またそれは、どのようにして起きるのか？

現在、地球とそこに存在する人間、動植物や鉱物を含むすべての物質は3次元世界の産物である。それらが4次元ないし5次元世界へと次元を上昇することは、物質状態からエネルギーの状態へと変化することを意味している。それは、人間や物質を形作っている粒子がより微細になり、その波動が一段階高まることでもある。

3次元的存在である私たちの目では、高次元の存在、例えば、アストラル体としての肉体を持つ多次元的生命体の姿は見ることができない。仮に見えたとしても、うっすらとした光としてしかとらえることはできない。それは、4次元や5次元の存在はそれを構成する原子の微細さと振動の速さゆえに、粗い波動で包まれた3次元的存在の私たちの目ではとらえられないからである。

そのことは、氷や水と水蒸気とを比較してみれば、わかりやすいかもしれない。私たちは水や氷は目で見ることができるが、それが熱せられて水蒸気となると、いつの間にか見えなくなってしまう。だからといって、水や氷がどこかに消えてしまったわけではない。氷や水を構成する酸素と水素は、水蒸気という形となって、そのままそこに存在しているのだ。

熱が加えられたことによって原子の振動数が高くなって、人間の目でとらえられる波動の限界を超えてしまったために、あたかも氷や水が消えてしまったかのように見える。これと同じ現象が肉体にも生じることになるのだ。それが人間の次元上昇、アセンションなのである。

もちろん、この現象が起こるのは人間だけではない。動植物や鉱物といったすべての存在がアセンションが進むと、その存在を構成する原子の活動がしだいに速まり、物質的形態から非物質的形態へと変化する。3次元世界から眺めれば、形ある物質的存在のすべてが、目に見えず手にも触れることのできないエネルギー体に変わることになるのだ。

私たちは、長い間3次元的思考に慣らされてきた。それゆえ、物質的形態からエネルギー的形態への変化、つまり形のある物がまるで幽霊や透明人間のように目に見えなくなってしまう現象を実感しにくい。しかし、もしあなたが原子の中を覗《のぞ》き込むことができたとしたら、考え方が一変する。なぜなら、鉱物も植物も人間などの固体は、中身の詰《つ》まっているものだというのは幻想で、実際には物質はその99％以上が空洞だからだ。

ご承知のように、すべての物質は原子からできている。原子はその中心に原子核と呼ばれる1つの粒子があり、その周囲をいくつかの電子が回っている。仮に原子の大きさを半径1000メートルとすると、原子核と電子の大きさはわずか数ミリ。つまり、原子という半径1000メートルの巨大な球形の中には数ミリの小さな粒子が何個かあるだけで、そのほとんどが空間なのだ。その姿は、太陽とそのまわりを回っている惑星の間に膨大な宇宙空間が広がっている太陽系の構造とよく似ている。

ではなぜ、そんな空間だらけの原子でできた物体が、私たちには形ある物質として見えるのかというと、物質を形成している原子の振動する速さ（振動数）がちょうど人間の目でとらえられる速さに一致しているからである。例えば、プロペラは回転し始めるとしだいにその形状がおぼろげになり、やがて見えなくなる。それと同じで、原子の振動速度がそれ以上に速まれば、そこにある物質は3次元世界の生命体には見えなくなるのだ。

一方、4次元や5次元世界の存在は、自分自身のエネルギーレベルを調整することができる。だから彼らは、3次元世界に出現する際にその振動数を下げて、物質的肉体を持った姿で現れることができるのだ。UFOや宇宙からの来訪者たちを肉眼やレーダーで確認できたりできなかったりするのは、彼らが自分たちの姿を物質化したり、非物質化しているからである。

そもそも、自分の身体を意識するのは4次元までで、5次元から先はその形態にはあまりこだわらなくなるようだ。それは、住む世界が「形ある存在」を必要としないからで、その結果、人は光り輝く存在となって、身体の容姿ではなく魂の輝きで自分の意識レベルの高さを表現することになるのである。

ついでに述べておくと、5次元以上の存在になると、その姿を自在に変化させることができる。高次の存在が3次元の人間を救う時、必要に応じて天使の姿や動物の姿となって出現できるのは、それゆえである。

以上で、肉体や物質を構成している原子に化学的変化（振動数の変化）が生じることによって、人間や動植物・鉱物のすべてに次元上昇と呼ばれる現象が起きることを、理解していただけたことと思う。

次に、化学的変化、つまり、原子の振動数に変化を及ぼすフォース（力）はどこから来るのかについて説明しよう。

ascension & earth change ⓭

次元上昇をもたらす力は遺伝子コードにある！

地球人種の創世計画に参加していたシリウス人たちが人間の細胞の中に、ある種の潜在的なＤＮＡ情報を組み込んだ。これが「高次の存在」が伝えている「遺伝子コード」である……

古代エジプトにおける愛と豊穣《ほうじょう》の神ハトホル神は、次元上昇をもたらす「力」について、次のように伝えている。

銀河の核から高エネルギー粒子が放射され始めた結果、現在、地球の光の密度が次第に増加してきています。地球の物理学者たちも最近そうした粒子の増加を測定し始めていますが、まだ、それらが高次の意識状態を産む種子であることを理解する段階にまで至っておりません。

しかし、現実にこうした高次の波動のエネルギーの照射を受けて、すでに意識体としての地球は高い波動のエネルギー場へと向かいつつあります。それを追いかけるように、人間やありとあらゆる動植物も次元上昇に向かって進もうとしているのです。

（『ハトホルの書』）

どうやら、次元上昇は宇宙の一角から放射される高エネルギーと関係があるらしい。

この高次の波動エネルギーによって、地球の「光の密度」が増加してきている点については、物理学者はまだその全容をつかめていないようだが、「光の密度」は日に日に増加してきているのではないだろうか。

アセンション時に肉体に進化をもたらす力については、それとは別の要因もあるようだ。ある「高次の存在」は、その真相を次のように伝えている。

振動数の変化は人類にとって意識のシフトとして反映されますが、そのためにはあなた方の物質的肉体に化学的変化が起きることが必要です。その意識のシフトを引き起こす大きな役割を担っているのがあなたがたのDNAに組み込まれた、ある「遺伝子コード」なのです。意識のシフトがある程度進んだ段階でこの遺伝子コードが引き金となって、シフトが一気に進むことになるのです。

この遺伝子コードは、あなたがたを創り出した地球外生命体が人体実験としてあなた方のDNAに埋め込んであり、それは、あなた方の古代の神話や伝説における「神々」たち、すなわち、あなた方を創った存在からの貴重な贈り物なのです。彼らがあなた方にその贈り物を与えた目的は、あなた方が4次元へのシフトに成功し、生き抜いてもらいたいためなのです。

（『テオドールから地球へ』）

地球人種の創世計画に参加していたシリウス人たちが人間の細胞の中に、ある種の潜在的なDNA情報を組み込んだことはすでに述べたが、これが「高次の存在」が伝えている「遺伝子コード」である。

物質的肉体を形成している原子の振動数が変化を始めるきっかけは、細胞の中に埋め込まれた遺伝子コードの起動で、その起動スイッチを入れる力の源泉が、宇宙から注がれる高次のエネルギーということだ。

宇宙からの高い波動を受けることによって、人はしだいに意識が高まり、その意識のシフトによって遺伝子コードが起動し始める。この「宇宙からの高波動の受信→意識のシフトアップ→遺伝子コードの起動」の循環が進むにつれ、原子の振動数がしだいに高くなり、物質的肉体はエネルギー体へと進化することになるのだ。その結果、人類は長い間、閉じこめられてきた3次元の世界から飛び出して、4次元～5次元世界への移行が始まり、絡まった糸が一気にほどけるように、宇宙の真理や自身のルーツを理解することができるようになるというわけである。

ただ、宇宙からの高エネルギーの照射がすべての人間に好結果をもたらすわけではない。意識がある程度のレベルに達していない人間には、意識の覚醒どころか、精神的な障害をもたらしかねないのだ。近年、感情のバランスを崩して極度の鬱《うつ》症状に陥る人、人間とは思えない破壊行為を行う人が増えているのは、それと無関係ではないのだろう。

また、次元上昇に不可欠な遺伝子コードも、意識のシフトがある程度進んでいなければ起動せず、物質的肉体に化学的変化も起こらない。

物質的欲望や自己本位の生き方から一刻も早く脱却し、霊性の目覚めに向かって努力することの必要性が叫ばれているのは、それゆえである。

ascension & earth change ⑭

4次元世界への移行

新世界への移行については、生きたまま移行する者、いったん仮死状態となった後で4次元的肉体を得て移行する者、さらに完全な死を体験し霊的世界に帰還してから、改めて4次元世界の人間として赤子の状態で再生する者など、さまざまなケースがある……

最近、DNAの螺旋《らせん》階段の軸が4~5本ある子供が増えているという。こうした子供たちこそが、アセンション後の新しい世界への移行を約束された人々であることは間違いない。

私はこれまで、生きたまま次元上昇ができるのは、4次元世界に対応する遺伝子を持って生まれてきた、このような子供たちだけではないかと思っていた。それ以外の人間は死を経て再生しない限り、4次元への移行は不可能ではないか。青年期を過ぎ、加齢した人間は細胞が老化しており、このままの状態で4次元的肉体に変身することなどありえない。そう考えていたのだ。

しかし、シリウス人がそのような遺伝子コードを組み込み、宇宙から放射される高エネルギーが肉体に化学変化をもたらすのなら、特別な遺伝子を持った子供に限らず、一般の人間が生きたまま4次元的肉体を獲得し、新次元へ移行することも可能のように思えてきた。

よく考えてみると、特別な螺旋構造を持った子供たちだけがアセンションした場合、それが半世紀以上も先のことなら別だが、もっと近い将来ということになると、新世界は若者だけの世界となってしまい、それはいかにも不自然だ。むしろ、子供も青年も、老いも若きも、さまざまな年齢層が共に高次元へと移行すると考えた方が無理がない。

もちろん、我々のすべてがその対象者になるわけではない。すでに述べたように、リストアップされるのは、意識の覚醒が進み、肉体を構成する原子の振動数の上昇が可能となった者に限られるのだ。

一方で、地球に起こる変動が尋常《じんじょう》ではないことを考えると、さまざまな艱難《かんなん》に遭遇していったん仮死状態を体験し、3次元的カルマを断ち切った後に、4次元世界へと導かれるケースもあるのだろう。

現に、昭和の初めに神官・岡本天明を通じて降ろされた「日月《ひつき》神示」には、地球の大掃除の際、一部の選ばれた民は仮死状態(完全な死ではない)に留まった後、新たな肉体を授かって蘇生し、弥勒《みろく》の世の民となることが述べられている。これは仮死状態を経ることによって、４次元的肉体への変身が可能になることを意味している。そのことを告げる代表的な神示が、次の一文である。

大掃除はげしくなると世界の人民皆、仮死状態となるのじゃ。掃除終わってから因縁のミタマのみを神がつまみあげて息を吹き返し、弥勒の世の人民といたすのじゃ。

このように、新世界への移行については、生きたまま移行する者、いったん仮死状態となった後で４次元的肉体を得て移行する者、さらに完全な死を体験し霊的世界に帰還してから、改めて４次元世界の人間として赤子の状態で再生する者など、さまざまなケースがあるようだ。

ascension & earth change ⑮

多次元的宇宙人との遭遇事件

「通り抜けごっこ」も体験！　ロシアのジャーナリストが報告する3.5次元の存在との出会い。その驚くべきメッセージと彼らの不可思議な特徴とは？

ここで、アセンションを果たした後の多次元的生命体がどのような存在なのかを理解するのに、大変参考になる宇宙人遭遇事件を紹介することにしよう。

旧ソ連時代に、地球に上陸した300人もの宇宙人と遭遇し、コミュニケートしたという驚くべき事実を伝えているのは、「ソビエト青年」紙の記者だったパーベル・ムホルトフ氏である。

ロシア・ペルミ州のマリヨーフカ近くの森は、古くから幽霊や妖精、UFOなど不思議な現象が発生する場所として知られている。この怪奇ゾーンの調査のために、超常現象の研究家として知られるダシューシン氏をはじめとする超能力者や医師、科学者、空軍パイロットたち40名からなる調査団が組織され、ムホルトフ記者はその一員だった。

森に向かう小道を歩いていたムホルトフ記者は、目の前で起きた奇怪な出来事に、我が目を疑った。突然、前方の空中に、半透明の巨大な円盤が現れたのだ。それはまるで、空中に張られた目に見えないスクリーンに投影されている立体映像のようで、半ば透明で後ろの雲が透けて見えた。色は黄色みをおびたベージュで、静かに浮かんでいた。

調査団の一行は、森の中にテントを張って数日間を過ごすことになるのだが、異常な現象の発生は、それからが本番であった。

調査初日の夜、調査団は森の上空に帽子のような形をした巨大なUFOが滞空しているのを見つける。全員が見上げていると、その中から、オレンジ色に発光した球形のUFOが次々と飛び出しては、空中を飛び回り、再び本機の中に戻っていくという光景が展開された。

その大きさはさまざまで、小さなものはサッカーボールくらい、大きなものは直径2メートルもあった。これらは、ムホルトフ記者たちを偵察するかのように森の中に侵入してきて、数メートルの距離まで接近するものもあり、大きな球形のUFOの中には、2人の人間らしいシルエットがはっきり見えるものもあった。

翌日から調査団は、UFOに乗り組んでいる宇宙人との交信を試みることとなる。

交信方法は、ダウジングロッドと呼ばれる木の枝を利用したダウジング。これは日本のコックリさんによく似た方法で、質問をテレパシーで行うと、ダウジングロッドがひとりでに動いて、地面に答えをロシア語で描いていったという。

それが本当に宇宙人からの通信であることを確かめるために、4人が1組になって、それぞれの組が別々に同じ質問を試みることにした。科学者しか知らないような難しい数式や、難解な理論を質問したところ、返ってきた答えは10組とも同じで、もちろんすべて正しかった。

その後、調査団は、それぞれが関心のある質問を続けた。

「あなたたちは、どこからきたのか?」……「天秤座の赤い星から来た」

「地球に来た目的は?」……「あなたたち人間を観察するためにきている」

「あなたがたの惑星を見たい」……「危険なことだ」

「それはバクテリアのようなものを警戒しているのか?」……「いや、いわゆる思考のバクテリアというものがあって、それが私たちにとって非常に危険なのだ」

「あなたたちの文明や生活、星の様子などを教えて欲しい」……「あなたたちの科学の知識では理解できないことばかりだと思う。いずれあなたたち人類が、自分自身をよく知り、いったい何のために生きているのかということを自覚できるようになったら、色々なことが分かってくるだろう」というだけで、それ以上の詳しいことは何ひとつ教えてくれなかった。

ムホルトフ記者は、「彼らは私たち人類が自ら地球を破壊しないことを願い、動向を観察している」と感じたそうで、それが彼らの地球に飛来する目的の1つではないかという。その根拠として、ソ連が行った弾道ミサイルの実験中にUFOが現れて滞空しているという報告が多いこと、打ち上げに際して、ミサイルを地下のサイロから地上に上げるエレベーターの故障が頻繁に起こることをあげている。

「彼らは核というものがいかに危険で、地球を破壊してしまう可能性が高いということを私たちに伝えているのではないだろうか」と述べているが、記者の言葉は正鵠《せいこく》を得ているように思われる。

さて、話はこれから佳境《かきょう》に入っていく。翌晩、テレパシー能力に優れた超能力者のバチューリンという男が、上空100メートル上空に滞空しているUFOに向かって直接コンタクトしたいと、テレパシーで呼びかけた。すると、森の奥の地上近くに、突然、丸い光となったUFOが現れたかと思うと、そこから彼らのほうに向かってスーッと光のトンネルが延びてきたのだ。あまりの驚きに一同が呆然《ぼうぜん》と立ちつくしていると、そのトンネルの奥から人間の形をしたシルエットが次々と出てきて、彼らのほうに近づいてきた。その恐怖で、彼らは金縛り状態になったという。

その一団は明らかに人間と同じ姿をしており、ジャンプスーツ（つなぎ）のような服を身にまとっていた。そして、人間と同じように男女の別があることは体型からも明らかなのだが、奇妙なことに男性のほうが少し背が低いように思えた。

彼らはどんどん近づいてくると、15メートルほど離れたところで横に曲がり、森の中に消えていった。

記者はその時の様子を、次のように述べている。

「彼らの数を数えてみたところ、全部で66人いました。彼らの姿は明らかに半透明で、その後ろに森の木が透けて見えました」

調査団の目には、彼らはまるで幽霊のように映ったようである。

ここで着目すべきは、彼らは半透明体でありながら、宇宙服のようなものをまとっていたという点である。この目撃談から、4次元世界のヒューマノイドも肉体を持ち、着衣を身につけていることがわかる。彼らが透明体や半透明体に見えるのは、その肉体や着衣を構成している原子の波動が高いからだけなのだ。

翌日になると、さらに驚くべき状況が発生する。目の前に現れた彼らは、前日よりさらに物質化しているように見えてきた。顔や手、服などのディテールが不確かながらもはっきり見えるようになり、驚いたことに、彼らが歩いた地面には足跡が残っていた。これは、4次元的存在は自分の意志で波動を調整して、3・5次元的存在（3次元と4次元の中間）へと変化できることを示していた。

人間との接触を試みるには、透明人間であってはまずい。調査団に自分たちの存在が見えないままでは接触のしようがないからである。しかし、完全な3次元的存在にまで次元を下げてしまうと、万が一攻撃を受けた時、肉体的な損傷を負ってしまう。そこで、調査団一行に認識されつつも安全でいられるように、半透明という姿で現れたのだろう。足跡が残ったのは、波動がかなり粗くなっていたためだ。

さて、その翌日にも状況はさらに進展して、調査団一行は、彼らと物理的に接触するまでになる。

「実際に握手することができ、手のひらに彼らの体温が感じられました。また、彼らからのエネルギーの影響でしょうか、握手した人のまわりにオーラのようなものが現れるのがはっきりと分かりました」

さらに、ムホルトフ記者は、彼らが半透明なので、「あなたたちの身体の中を通り抜けていいか?」と聞いてみた。意外にも承諾が得られたので、早速、実際に立っている1人の男のシルエットに向かって突進していったところ、何の抵抗もなく通り抜けることができたというのだ。その時の様子を記者は、「肉体にぶつかったという感触はなかったが、通り抜ける時、ちょうどカメラのフラッシュライトを浴びたように、強い光のエネルギーを全身に浴びた」と語っている。

そのあと、何回も彼らの身体の中を通り抜けたり、逆に、彼らが記者たちの身体を通り抜けたりという遊びを繰り返したというからおもしろい。この「通り抜けごっこ」が示すように、4次元的存在は、私たち3次元的存在とは肉体を構成する原子の波動が異なるため、互いにぶつかり合うことなく、同じ空間に同時に存在することができるのである。

彼らの身体を通り抜ける際に「強い光のエネルギーを浴び」、握手をした時に「オーラのようなものが現れた」ということは、彼らの肉体が光状のエネルギー体であることを示している。臨死体験などで高位の存在と遭遇した人々は一様に、「その姿は光のように輝いていた」と語っているが、高位の存在も同じエネルギー体だからだ。

この驚天動地な遭遇体験を『矢追純一のUFO大全』(リヨン社)で紹介している矢追氏は、「この記事を書いているムホルトフ氏は、自ら宇宙船に乗って宇宙から見た地球をリポートしている《名誉あるジャーナリスト第1号》に選ばれたほどの人物で、さらにスパイ学校で訓練を受け、物事を冷静に見ることのできるジャーナリストであることを考えると、彼の1週間にわたる体験報告は真摯《しんし》に受け止めるべきではなかろうか」と述べているが、私もまったく同感である。

ムホルトフ記者の体験報告は、私が説明している多次元世界に生きる生命体がどのようなものかを実感する上で、この上なく貴重なものである。

おそらく、この遭遇は偶然ではなく、エイリアンたちが意図したものだったのだろう。

彼らが3・5次元に波動を下げて半物質化して見せたり、通り抜けごっこを体験をさせてくれたのは、アセンションに向かう人間に「次元の知識」を深めさせるためのデモンストレーションだったに違いない。彼らはこうして人類の進化に手を貸してくれているのだ。

ＵＦＯの話が出たついでに、一昔前のＵＦＯ写真と最近の写真との相違について触れておこう。

ジョージ・アダムスキーやハワード・メンジャーがコンタクトした釣鐘《ベル》型円盤に代表されるかつてのＵＦＯ写真は、すべて物質的形態を持った姿で撮影されていた。しかし、近年撮影された写真の中には、半透明の円盤が写っているものが何枚かある。イタリアのマウリツィオ・カヴァロ氏が撮影した写真では、円盤の後ろにある木の枝が透けて見えている。

エイリアンが今から30～50年前にＵＦＯの存在を人類に知らしめるためには、物質として出現する必要があった。当時の人々には、しっかりした形を持ったものでなければ信用されなかったからである。しかし、ＵＦＯに対する認識が高まり、しかも地球のアセンションの時期が迫っているとなれば、ＵＦＯが高い次元から来ていることを伝える必要があり、それには、半透明体で出現するほうがむしろ効果的だ。近年、半透明体のＵＦＯが撮影され始めている背景には、そうした理由があるのだろう。

ascension & earth change ⑯

アセンションで体験する意識の変化

人がアセンションを果たした後に体験する大きな意識変化として、物質的欲求が減少する一方で、知的・文化的知識を満たす欲求が増すといわれている。また、各自の個性はそのまま残されるものの、全体の中の個という意識が強まって、全体の調和を重視するようになる……

人間が次元上昇を果たすには、意識のレベルがそれなりの水準に達していることが肝心であることは先述したが、改めて、その理由を語ることにしよう。

人がアセンションを果たした後に体験する大きな意識変化として、物質的欲求が減少する一方で、知的・文化的知識を満たす欲求が増すといわれている。また、各自の個性はそのまま残されるものの、全体の中の個という意識が強まって、全体の調和を重視するようになるそうだ。

こうした変化によって、人は感覚や感情エネルギーが持つ二元性、二極化が薄らぎ、バランスのとれた物の考え方ができるようになる。たとえば自主性（男性）や受容性（女性）といった男女の特性も、3次元の人類ほど偏ることなく、バランスのとれたほどよい状態で両方の性に現れる。

また、私たちの生きる3次元世界においては、人が心に持つ「二元性」は、善と悪、陰と陽、愛と憎しみ、喜びと悲しみといった二極化した形で日々の生活に現れている。

しかし、高次元の世界に入ると、善が悪に、愛が憎しみに対峙《たいじ》して存在するのではなく、「善」の対極は「善でない」となり、「悪」の対極は「悪でない」、「愛」の対極は「愛がない」、「憎しみ」の反対は「憎しみがない」といった形で現れてくる。そして、心の中に「純粋な無条件の愛」が広がり、他人のために尽くすことに無上の喜びを感じるようになる。また「他心通力《たしんつうりき》」を持った超人のように、誰でもが他人の心の中が読めるようになるので、もはや隠し立てしたり、嘘をついたり、騙《だま》したりすることができなくなる。

だからこそ、心や意識がそういった変化に適応できる段階に至っていない人間には、高次元世界へ進むことが苦痛に感じられるのだ。死後人間が霊的世界に赴《おもむ》く時、意識レベルに準じたさまざまな階層（最下層に位置する「幽界」から最上層の「霊界」まで）に分かれていくのも、同じ理由によるものかもしれない。すでにアセンションを達成した銀河系や異次元世界の高位の存在が、人類に対して、物質的欲望から遠ざかり、利他心（他人が喜ぶことをする心）をもって善行に励むことを説いているのはそのためである。

憎しみ、妬《ねた》み嫉《そね》み、羨《うらや》み、怒り、不平不満、疑い、迷いといった「御法度《ごはっと》の心」を抑えて、強く、正しく、明るく、我《が》を折り、宜《よろ》しからぬ欲を捨て、他人と仲良く相和して、感謝する心を持つことの必要性はそこにあるのだ。心したいものである。

ascension & earth change ⑰

ブルース・モーエンがヘミシンク体験で訪れた「ギャザリング」とは？

「大集合」を意味する「ギャザリング」。その特殊な世界には、その名のごとく、今、宇宙の他の領域から来たさまざまな地球外生命体が大集合している。なぜ彼らがそんな遠い宇宙の果てから、わざわざ地球圏内の霊的世界へ訪ねてきているのか。それは地球において始まろうとしているアセンションとアースチェンジを観察するためだという……

先に述べたアセンションの原動力となる宇宙からの高エネルギーの放射やその結果地球に起きようとしているアースチェンジの様子を、肉体を離脱し霊的世界に赴いて、直接見聞きしてきた人物がいる。アメリカ人のエンジニア、ブルース・モーエンである。彼は、数年前からロバート・モンロー研究所のヘミシンクという特殊なテクノロジーを利用して意図的に肉体離脱を体験し、霊的世界を探索。そこで経験したことを『死後探索』シリーズ（ハート出版）として世に発表している。

ヘミシンクとは、脳半球の同調のことである。たとえば毎秒400サイクルの音を片耳で聞きながら、もう片方の耳で410サイクルの音を聞くと、双方の脳半球は2つの音の差、毎秒10サイクル（410〜400）の脳波を発して同期し始めるのだ。

この脳波の周波数が、「レム睡眠」（夢見睡眠）の脳波に等しければ、それを聞いている人はレム睡眠状態に入っていく。この時、覚醒状態の脳波を生じさせるもう1組の音を使用すると、脳は睡眠状態でありながら、覚醒した意識が肉体から離脱して別の次元へ移行することが可能になる。こうして別の次元、つまり霊的世界に入った意識は、研究所のコントロールタワーの指示に従って霊的世界のさまざまな階層を探索できるのである。

この驚くべきヘミシンクの技術は1970年代にアメリカの実業家ロバート・モンローが開発したもので、このテクノロジーを用いて霊的世界の探索の旅を体験できるモンロー研究所には、世界中から多くの探索家が訪れて、肉体離脱による不思議な旅を体験している。

ブルース・モーエンも、熱心な探索家の1人として何度かこの不思議な旅を体験しているうちに、「ギャザリング」と呼ばれる霊的世界のある階層を訪ねる機会に恵まれた。

霊的世界は、幽界、霊界、神界といった何層もの階層を成している。実は、この世と霊的世界との最も大きな違いの1つが、この階層の存在である。

私たちが生活している地上界では、1つの階層社会に知的レベルや精神的レベル、人格的レベルにおいて千差万別の人間が一堂に集まって同居している。

一方、霊界では、各自の意識のレベルによって住む世界が明確に分かれている。つまり、各自の意識の進化の程度によって、住む階層が異なるのだ。モンロー研究所では、その階層をフォーカス10とか、27とかと呼んで区別しているが、ちなみにフォーカス27は「幽界」の最上階層で、この世での生を終えた魂が癒された後、再生に向けて新たな学びをする階層である。

「幽界」の上にあるのが「霊界」だが、「ギャザリング」は霊界よりさらに高いフォーカス34～35に存在しており、そこは地球上の人間が死後に住む世界とは別の世界のようである。

「ギャザリング」とは「大集合」を意味するが、その特殊な世界には、その名のごとく、今、宇宙の他の領域から来たさまざまな地球外生命体が大集合しているようである。なぜ彼らがそんな遠い宇宙の果てから、わざわざ地球圏内の霊的世界を訪れているのかというと、地球において始まろうとしているアセンションとアースチェンジを観察するためだという。

「ギャザリング」に集結しているメンバーについて、モーエンは次のように語っている。

彼らは銀河を越えた1つのグループのメンバーのようだ。それは連盟と呼んでもいい。中には単独でやって来ている者もいるようだ。連盟に所属する人々はお互いについてや未知のことについて、さらに学んでいくために協力し合いつつ、情報を共有するネットワークを形成している。連盟のメンバーのうち、その能力のある者は皆、ここに来て観察をするための代表を送り、それができないメンバーに情報を分け与えようとしているようだ。地球もアセンションを遂げたあとは、この連盟に加盟することになるという。

(『死後探索』)

宇宙にはエイリアンのネットワークが存在し、彼らは銀河系宇宙や超銀河系宇宙にそれぞれ拠点となる世界を数多く持っているようで、「ギャザリング」に集結している生命体は、そうした星々からやってきた一種の宇宙探検者や研究者の一団ということになる。

彼らは皆、4次元以上の世界に住む存在だから、すでにアセンションは体験しているはずである。なのに、なぜはるか彼方《かなた》の地球までわざわざ見学に来ているのか、というモーエンの問いに、「今回地球において起きようとしているアセンションは、かつて他の星々が経験したことのない異例のものだからだ」と答えている。

先述したように、これから始まる地球のアセンションは、他の惑星で起きたそれと比べて、スピードが速いので、地球やそこに住む人間にどのような変化が起きるのか彼らにもわからない点が多く、それだけに関心が高いようである。

地球に起きる変化が、私たち全員に影響するかもしれないのも、その理由の一つである。私たちはこの出来事を記録して、私たち全員に及ぶかもしれない影響をより理解しようとしているのさ。それと、この変化が私たち自身の世界に起きるとしたら、もっとよく対処できるように、記録をとっておきたいと思う面もあるのだ。

宇宙人が語る「アセンション」

彼らはビッグイベント（地球大異変）の実体について、モーエンに次のように語っている。「君たち惑星（地球）の核のクリスタルが、とても遠くにある物体と整列しようとしているんだ。銀河を越えたレベルの整列だよ」

モーエンがその遠くにある物体の正体について質問すると、「大将、ボス、実力者、主役、宇宙の中心、始まり、始祖の中の始祖、わかるかな」と答えている。彼らの答えから、モーエンは意識の中に1つのイメージが生まれたという。

（今、宇宙に起きようとしていることは）地球の核のクリスタルと、何かとても遠くにある物体との整列のようだ。この整列によって開ける通路から、何らかのエネルギーが流入し、地球の核のクリスタルに注ぎ込まれるのだ。それは地球の住人にとって、物質的・非物質的面の双方において、新しい「意識環境」の一部になるのだろう。私の感覚によると、これはまだ完全に整列状態には至っていないが、はるか彼方にある物体のエネルギーのほんの片鱗《へんりん》だけでも、その効果はすでに感じているのだ。この効果は、完全な整列が近づくにつれて、どんどん強まっていくだろう。

ここで、地球の核のクリスタルについて、一言触れておくことにしよう。

モーエンがフォーカス27という階層を訪ねた際、そこにいる霊的存在は、彼を地球の内部に導いて、その姿を見せている。モーエンによると、地球の内部は科学者たちが想像しているように鉄でできているが、それは単なる丸い鉄の塊ではなくて、地軸に沿ってできた長細いクリスタル（結晶）の集合体らしい。

この地球のクリスタル（結晶）とはるか彼方に存在している「ある物体」の中心軸

とが整列することによって、宇宙間にエネルギーの通路が開かれ、かつてない高いエネルギーが地球に注ぎ込まれるという現象が起きているというのだ。他の情報も合わせて考えると、そのエネルギーは地球だけではなく、太陽系全体に照射されているようだが、中心軸の傾きの関係で、地球がその影響を最も強く受けているように思われる。

「はるか彼方にある物体」がどのようなものであるかはよくわからないが、高次元から来ているエイリアンたちの表現「大将、ボス、宇宙の中心、始祖の中の始祖」から推測すると、それは宇宙の中心にあって、宇宙全体を統括している「至高なる創造神」の意識が集中した特別な存在なのだろう。

モーエンの証言は、『ハトホルの書』の中でハトホル神が述べている「銀河の核(中心)から高エネルギー粒子が放射され始めた結果、現在、地球の光の密度が次第に増加してきています」と完全に合致している。

魔のバミューダ海域の謎を解く鍵

モーエンは、宇宙のある物体と地球の核が整列することによって、両者の間に、私たちにとって未知のエネルギーの流れが発生するようだと述べているが、そのことに関連して、エイリアンから聞いた興味深い話を披露している。

地軸がいったんその角度を変えると核の近くのクリスタルは融解し、新しい軸に沿って新たに成長を始めることになるというのである。

地軸は不動ではなく、これまで何度かその角度を変えていることは、地球物理学の研究者たちによっても確認されている。

地軸が今より60度ほど傾いていた時代、北極点はアメリカ・フロリダの西海岸（北緯30度、東経60度）付近に、また南極点はオーストラリアの西海岸近くに位置していた。モーエンによると、この時代に形成されたクリスタルは、その後に地軸が再び変化した際に大半は溶解して消えてしまったものの、フロリダ沖とオーストラリアの西海岸には、今もなおその巨大なクリスタルが残っているそうだ。そして、現在の地球は約23度傾いた状態で回転しているために、この残存クリスタルが、毎年一度だけ黄道面に平行になる時期があり、天王星の軸と整列平行になるという。太陽系の惑星のほとんどは、その軸を黄道面に垂直にして自転しているので、この整列現象が起きるのは、天王星との間だけに起きる特殊な現象である。

フロリダ沖には「魔の三角海域」があり、そこでは、以前から船舶や飛行機の謎の失踪事件が多発している。それゆえ、「魔のバミューダ海域」と呼ばれているのだが、失踪事件発生の要因はこの整列現象によるものだという。

天王星とフロリダ沖の残存クリスタルとが整列状態になった時、両者の間に非物質界の回路が開かれ、そこに入り込んだ船舶や飛行機は消滅してしまう。エイリアンによると、今でも天王星に行けば、こうして消滅した飛行機や船舶の残骸《ざんがい》や鳥や人や魚の死体を見られるというのだから、驚きである。

ちなみに、『ハトホルの書』には、次のような記述がある。

地球上にあるいくつかのパワースポットと呼ばれる場所は、残存している小さなクリスタルによって、物質レベルと非物質レベルの意識のコミュニケーションができる開口部の1つである。

どうやら、クリスタル化した核の残存物は、今でも地球上でさまざまな不可思議な現象を起こしているようである。

1960年代にアメリカで行われた秘密の電磁場実験の際、強烈な電磁場の発生によって、フィラデルフィアの軍事基地に停泊中の駆逐艦が、瞬時に数百キロも離れた海洋へとテレポートするという怪現象が起きた。これも、天王星と地球との磁極の整列によって生じる現象と同じものだったのだろうか？　アセンションの際に、このフィラデルフィア実験と同じような現象が、地球そのものに発生する可能性も考えられないことではない。

では、地球が太陽系内における物理的位置はそのままで次元上昇するのか、それともまったく別の空間に移動するのか。
この点について、高位の存在・ハトホルは、次のように言及している。

私たちのグループは、前者の可能性が高いとみています。しかし、太陽系全域、宇宙とそこにある銀河のすべてが、現在宇宙のある1つの中心点に向かって移動しており、太陽系においても地球と他の天体との間に何が起きるか分かっていない点が多いので、断言はできません。

琴座にあったエイペックス星は巨大な核戦争の結果、宇宙におけるその位置を大きく変えた。地球もまた、次元上昇という一大イベントの最中に、今日とはまったく別の位置に移動する可能性も残されているようだ。

間もなく起きる「新人類の誕生」

「このビッグイベントは、あとどのくらいしたら起きるんですか？」と尋ねたモーエンに、エイリアンたちは「もうすでに始まっています。完全な整列はもう間もなく起こるでしょう」と答えている。

モーエンが「ギャザリング」を訪ねたのは、1990年代の半ば頃だから、それからすでに十数年が経過している現在では、整列現象はさらに進んでいるに違いない。

現に、ハトホルは「私たちが予測しうる限りでは、それは新しい千年期の最初の10年くらい、あるいは2020年頃までに、そのプロセスはエネルギー的にピークに達するでしょう」と述べている。

また、多次元的存在テオドールも、次のように語っている。

近づきつつあるニューエイジについての詳しい期日をここであなた方に伝えることはしませんが、この本を読んでいるあなた方の多くは、ニューエイジの到来をその目で目撃し、その時起きる劇的な出来事を体験することになるでしょう。

(『テオドールから地球へ』)

どうやら、宇宙のエイリアンたちが固唾《かたず》を飲んで見守っている一大イベントは、間もなく幕を開けることになりそうである。というより、幕はすでに切って下ろされており、そのピークが間もなく到来するといったほうがよいのかもしれない。

「完全な整列が起きたら、どうなるのですか?」と尋ねた時、モーエンの頭には、『2001年宇宙の旅』の最後のシーンと非常によく似たイメージが浮かんだという。

地球の姿が、暗黒の宇宙と遠い星々を背景に明るく輝いて見えた。地球から明るい光の玉が現れて、上昇した。光の玉は地球と同じくらいの大きさで、その玉の中には、完全に出来上がった人間の赤ん坊の体が見えた。目は開いており、辺りを見回していたモーエンが頭に浮かんだ映像を語ると、エイリアンたちは、それは新しい人間の誕生を表していると述べたという。

彼らはモーエンに、アセンション後に登場する新人類、高次元に上昇し純粋で無条件の愛に包まれた新人類の姿を見せたのである。DNAの螺旋の階段軸が4～5本ある子供たち――彼らこそ新生地球を担《にな》っていくことになる新人類たちに違いない。

ascension & earth change ⑱

ホピが語るアセンションへの道

ホピ族は救世主マサウから平和《ホ》の民《ピ》の名を与えられ、地球のバランスを保つべくブラック・メサの大地を守り抜いている。彼らはアセンション後に到来する「第5世界」についての貴重な情報を伝えてくれている……

アメリカ大陸に太古から住み着いている北米インディアンの中に、平和の民として知られるホピ族がいる。アリゾナ北東部の大地にひときわ高くそびえるブラック・メサが、彼らの聖地だ。

ホピは人口1万人足らずの少数民族だが、その歴史は途方もなく古く壮大である。彼らが伝承する歴史によると、人類はすでに4つの世界を経験してきており、第1の世界は火、第2の世界は氷、第3の世界は洪水によって滅びたとされている。私たちが生きている現在の世界は、その後に登場した第4の世界である。

第3世界を襲った大洪水を地下世界に逃れて生き延びたインディアンの祖先は、創造神の補佐役のクモ女の手引きで、シパプと呼ばれるグランドキャニオンにある出口から出て、第4世界に出現する。そこで後にホピの救世主となる「マサウ」に出会う。マサウは彼らが永住の地を与えられるその日まで、大陸をくまなく大移動するように命じ、全員を4つの集団に分けて、東西南北へ旅立たせた。

その後、人々は星に導かれて大移動を始める。多くの民が旅に疲れて途中で脱落して永住していく中で、マサウの指令を守り抜いて移動を続けた種族が1つだけあった。それがホピ族である。

ホピ族は最終的にブラック・メサにたどり着き、紀元1100年頃、ついに救世主マサウとの再会を果たし、世界が終わりを迎えるまで、この場所を地球の中心として守り抜く契約を結ぶことになる。創造主の命令に従順な民として、彼らにホピという「平和の民」の称号と「地球のバランスを保つ」という崇高《すうこう》な任務が与えられたのには、そういった経緯があったのだ。

以来900年間、彼らはこの大地から一歩も出ることなく、マサウの教えに従って厳しい自然環境の中で、魂を汚すことなく生き抜いてきているのである。

このホピ族の長老は、アセンション後に到来する「第5世界」について、次のような貴重な証言を残している。

時の終わりと共に新しい時が来る。新しいときの開始と共に世界は平和に向かって開花する。人類はあなた方の知らない物質を身につけ、あなた方の知識を越えた方法で旅をする。（その時には、）彼らの顔から恐怖と苦しみがぬぐわれている。

人類はもはや生け贄《にえ》を捧げず、子供じみた戦争を脱している。あなた方は今や目的地に至り学びの黄金時代を歩むのだ。

長老がいう「人類はあなた方の知らない物質を身につけ、あなた方の知識を越えた方法で旅をする」は、まさにアセンション後の世界を表しており、「私たちの知らない物質」とは、高波動のエネルギー体となった肉体を意味していることはいうまでもない。ロシアに現れたエイリアンの姿を思い出してほしい。半透明で、人間が通り抜けできたあの驚異的な肉体こそ、「私たちの知らない物質」そのものではないか。

このようなエネルギー体となった新人類は、その世界では、どこへ旅するにも飛行機や新幹線等の厄介《やっかい》で危険な乗り物など不要で、無尽蔵な宇宙エネルギーを利用したより快適で、はるかにスピードアップした乗り物を利用しているはずだ。

新たなる世界が時間と空間を超越しているのなら、移動の手段そのものが必要なくなっているのかもしれない。「あなた方の知識を越えた方法で旅する」とは、そうしたことを意味しているのだ。

一方、宇宙の「高次の存在」もまた、チャネラーを通じて、アセンション後の世界をおよそ次のように伝えてきている。

① 太陽からの光とは異なる霊妙な光が天空から注ぎ、そこには、無限とも思えるほど多様な動植物が満ちあふれ、すべてが平和的に共存する。

② 食べるために働くことが不要になり、人々はほとんどの時間を、自分たちの興味のある分野の研究や、知的・社会的・霊的発展のために使うようになる。

③ 家族単位での生活は続くが、今のような厳格な性別役割分担はなくなり、それぞれが最もふさわしいと感じること、自分たちがそうしようと決めたこと

を実行するようになる。

④ 病気にかかることはほとんどなく、たとえ病気になったとしても、先進的科学や医療技術を駆使した治療が可能となる。

今の私たちからすると、そこはまさに天国である。次なる時代を、キリスト教では「至福千年」、仏教では「弥勒の世」と呼んでいるが、アセンションを果たした人類は、文字通り弥勒と共に住む至福な世界を迎えることになるようだ。

実際、ホピの長老や高位な存在が伝えるアセンション後の世界には、衣食住のために汗水垂らして働く苦労や戦争の恐怖、病気やケガによる痛み、愛し合う者との死別による悲しみなど、いわゆる四苦八苦が存在しない。なぜか。第4世界での「学びのカリキュラム」を達成して第5世界に進学した人々は、すでに困難な状況下で魂を成長させる段階を卒業しているから、そうした体験はもはや必要ないからだ。

拙著『人間死んだらどうなるの？』でも紹介したように、古代霊シルバー・バーチは、「悲しみ、苦しみ、恐怖、病気は地上の人間にとって教訓を学ぶための大切な手段である」という霊訓を伝えている。悲しみ、苦しみ、恐怖の集積場であるこの世は、困難な人生を体験することによって「魂の進化」を学ぼうとする人間にとっては、またとない学びの場でもあるのだ。

魂にはありとあらゆる種類の長所と短所がある。動物的進化の名残《なごり》である下等な欲望や感情もあれば、神の分霊としての神的属性も秘められている。そのどちらが勝つか、その戦いが人生でもあるわけだが、この神的属性を引き出すために必要なものが、苦しみや悲しみとの戦いなのである。

長い転生の中でこうした手段による学びを終えた魂は、困難と苦しみの世界を卒業し、新たな世界、つまり、喜びと希望に満ちあふれた新たな学びの場「新生地球」へと移っていく。だからこそ、アセンションと呼ばれる「第5世界」への移行は、苦しみや悲しみの中での学びを卒業した人間にのみ許されるのだ。苦と悲しみの体験学校修了証こそが、第5世界の入学許可証となるというわけである。

だから、もしも、今あなたがそうした困難な状況下にいるとしたら、退《ひ》いたり逃げたりせず、正面からぶつかって魂の成長を成し遂げ、一刻も早く修了証を獲得することだ。私たちは今、魂の巡礼の最後の峠に差しかかっていることを肝に銘じて、お互いに頑張りたいものである。

さんさんと太陽の輝く穏やかな日和の中では眠っていた魂も、暗雲たれ込める暗い日や、風の吹きまくる厳しい日に出会えばこそ、目を覚ますことができるというものだ。そう考えれば、やがて訪れるカタストロフィ（大艱難）も、残された最後の修行の場として、無用な恐怖心や悲しみを持たずに乗り切れるのではないだろうか。

第4の扉　やがて来る「大いなる浄めの日」

ascension & earth change ⑲

ホピ預言が示すアースチェンジの様相

ホピの預言はこの200年のうちに次々と成就してきており、残された預言はたった1つしかない。宇宙ステーションが完成し、空に青い星が現れる……という預言だが、これが何を意味するのか、探ってみよう……

人類が遭遇しようとしているアースチェンジについては、それが「いつ」、「どのような規模」でやってくるのか、誰もが、知りたいと思っているところである。その時、その手がかりとなるのが、前章で紹介したホピ族に残された「ホピの預言」と長老の言葉である。

ホピの預言を調べていくと、アースチェンジが本格的に始まる時期について、おおよその見当がつく。私の著書の読者なら、あの聖なるホピ族が遠い過去から伝承し続けてきている預言をご存じだろう。そして、彼らの未来予言が驚くほどの正確さで、現代社会において次々と成就してきていることも知っているはずだ。

「石の川」の上を「馬のいない馬車」が走り回るだろう。

(アスファルト道路の上を車が走り回るだろう)

「動く鉄の家」が「鉄の蛇」の上を走るだろう。

（汽車や電車がレールの上を走るだろう）

「空の道」を飛ぶ乗り物が飛び回り、張り巡らされた「クモの糸」を使って遠くにいる人と話し合い、「何もない空間」を使って言葉を伝えあうだろう。

（空路を飛行機が飛び回り、張り巡らされた電話線を使って遠くにいる人と話し合い、インターネットを使って情報を交換しあうだろう）

兄弟は月に梯子《はしご》をかける時が来る。

（人類は月に到達する時が来る）

これらの預言は、現代の車社会や鉄道網、電話回線やインターネットの世界、さらには宇宙開発までを見事に言い当てている。さらには、第1次世界大戦や第2次世界大戦の勃発《ぼっぱつ》や、「灰の瓢箪《ひょうたん》」と表現された核弾頭の使用まで予言し、見事に的中させている。

このように、ホピの預言はこの200年のうちに次々と成就してきており、残された預言はたった1つしかないのだ。

「あなた方は天の住まいのことを聞くようになるだろう。それは大音響と共に落ちてくる。青い星のようなものが見えるとき、私たちの民の儀式は間もなく終わりを告げるのだ。」

この予言は、「兄弟が月に梯子をかける」という宇宙開発を見通した預言の後にある。

1969年7月に打ち上げられたアポロ11号に乗ったアームストロングたち2人の宇宙飛行士が月面に立つことで、人類は「月への梯子」をかけ終えた。その後、アメリカを中心とする白人社会の人々が中心になって挑戦しているのが、他ならぬ「天の住まい」である「スペース・コロニー」の建設である。そして、そのコロニーの完成もすでに間近となっている。

しかし、それはやがて「大音響と共に落ちてくる」という。建設完了後しばらくして、スペース・コロニーは何らかの事故で破壊され、大音響を発して地上めがけて落下してくることになるようだ。その原因が何なのかは預言されていないが、コロニー内部での人為的なトラブルかもしれないし、宇宙を飛んでいる隕石の衝突がその原因となるのかもしれない。

私は後者の可能性が強いのではないかと考えている。エイリアンの語るところでは、彼らの宇宙船には宇宙を航海する際に、隕石などの衝突を避けるために電磁場シールドのような強力なバリアが張られているようだが、人類にはまだそのテクノロジーがないからだ。

破壊事故が発生する時期は、「空に青い星が現れる」時だという。ホピの村では長い間「カチナ踊り」が伝えられている。サクアソフーと呼ばれる「青い星」の到来を伝えるのがこのカチナ踊りであり、文明国による不当な干渉により、その神聖な踊りが間もなく踊られなくなろうとしている。おそらく、その時は迫っているのだろう。

現に「青い星」については、刑部恵都子《おさかべえつこ》氏が『聖書の暗号とホピ預言の超シンクロニシティ』(徳間書店)の中で青い星が見え始めていると語る子供の話を書いており、飛鳥昭雄氏も「NASAは公表こそしてないが、すでにそれを発見している」と語っている。

ホピの預言が近年の世界中の主要な出来事を次々と言い当てていることを考えると、そう遠くない未来に、私たちは青い星の到来とスペース・コロニーの宇宙事故を目にすることになるに違いない。その日こそ、アースチェンジが本格的に始まる時なのだ。

では、アースチェンジはどのような規模になるのか。浄《きよ》めの規模を問われたホピの宗教的指導者デーヴィット・モノンギエは、今から25年ほど前に、次のように語っている。

浄めの日には、生きとし生きるものはみな泣き叫ぶ。
山腹を転げ落ちてゆく石さえ泣き叫ぶだろう。

「生きとし生きるものがみな泣き叫ぶ」ということは、世界中どこにいても、浄めは避けられないということを意味している。どこかの国やどこかの場所に逃れれば避けて通れるといった程度の浄化ではないのだ。そしてその激しさは「山腹を転げ落ちてゆく石」までが泣き叫ぶほどだというから、その凄さがわかろうというものだ。震度が6や7の地震や、波の高さが20～30メートルの津波程度ではないことは明らかだ。

それを裏付けるように、2000年前、イエスもまた人類が最終段階で遭遇することになる災難を、「生者が死者をうらやむほどの艱難」と表現している。

かつて人類は、そのような艱難に遭遇したことがあっただろうか？

「生者」は「死者」を弔《とむら》う立場にあり、死者に対しては、「気の毒なことをした」、「残念であった」と悼《いた》む気持ちを持つのが常である。しかしながら、これから先私たちが遭遇しようとしている艱難は、生き残った人間が、死んでしまった人間をうらやましく思うほどの大カタストロフィだというのだから、その凄《すさま》じさは半端でない。

「死者をうらやむほどの艱難」というのは、巨大な自然災害の発生の後、生き残った生者が、その後の生活の厳しさから、いっそのこと死んでしまったほうがよかったと、死んだ人間をうらやむことを指しているようにも思えるが、私がこの言葉からイメージするのは、それとは別のものである。私の脳裏に浮かぶのは、地震や津波、ハリケーンや噴火といった自然災害のシーンではなく、未知のウイルスによる感染症が蔓延《まんえん》し、数百万の死者が出る中、人々が自身をどう処したらよいか戸惑《とまど》っている場面なのだ。

遭遇する艱難が自然災害で、それが前代未聞の規模であれば、人の死は一瞬で終わる可能性が強い。また、縁者との死別の悲しみを別にすれば、災害が終われば、ひとまずは一件落着となる。しかし、後に紹介するジュセリーノの予言に登場するような、発病から数時間で死に至るような致命的なウイルス性の感染症（ジュセリーノはエルス（と名づけている）が発生し、発病の兆候となる咳や痒《かゆ》みなどの症状が家族や縁者、友人、知人といった身近な者に現れた時、患者とどう接するかを考えると、自然災害とは違った異様な恐怖に襲われる。

もしも、あなたの身の回りでそのような恐ろしい感染症が蔓延し始め、可愛い子供や孫に感染症の症状が現れた時、あなたは感染を覚悟の上で看護にあたれるだろうか？　子供なら手当をする、孫なら看護する、ならば兄弟ならばどうする？　夫婦ならどうする？　友人知人ならどうする？　近所の人ならどうする？

その時には、誰もが耐えがたいほどの心の葛藤を経験することになるはずだ。そう考えた時、誰もが思うに違いない。先に死んでしまった人々は幸せだった。自分もあの時の洪水で、あの時の地震で死んでいたらよかったのに、と。

疫病だけでなく、飢餓《きが》でも同様の苦しみを味わうことになるに違いない。高温、干ばつ、洪水が世界規模で発生し、食べ物や飲み水が枯渇《こかつ》して身近に飢餓が迫った時、あなたの心の葛藤は凄まじいものとなるに違いない。

家族だけで食べれば半年や1年は持つだけの食料や水があったとしよう。しかし、飢えた親戚や友人、近所の人たちが救いを求めてやってくる。その時あなたは、慈悲の心でそれを分け与えることができるだろうか？　幼い子供や孫にひもじい思いをさせても、また、乳飲み子を抱えた母親の母乳が止まることがわかっていても、それができるだろうか？

それでもまだ、いくらかでも食料が残っているうちはいい。庭先や道ばたの草木を食べるしかなくなって、子供や孫が日に日にやせ衰えていく時、あなたはその姿を見続けることになるのだ。その地獄絵の中であなたは思うに違いない。こんなことになるなら、あの時の洪水で、あの時の地震で死んでいたらよかったのに、と。

これこそが、まさに「生者が死者をうらやむほどの艱難」だろう。そうした事態を想像するたびに、私の心に戦慄《せんりつ》が走るのだ。

ホピの長老やイエスの言葉を信じるなら、これから先、自然災害、戦争、疫病、飢餓、どれが起きても大量死が発生することは間違いない。ブルース・モーエンもエイリアンから「あなたの同胞の多くが間もなく、あなたのいうところの『フォーカス27』(幽界の最上層界)に一気に移行しようとしており、地球の人口全体に、大幅な減少が起きるでしょう」と言われている。

「高位の存在」も人口の激減については異口同音に述べているが、テオドールは艱難の様子を、次のように具体的に語っている。

地球の浄化は、4次元世界への移行の過程として起こってくる現象なのです。世界が新たな密度(次元)へと転換するときには、必ず地殻の変動を経験します。地殻の激変のすさまじさは、その惑星が経験しようとしている転換の速度によって異なります。あなた方の世界は、きわめて速い速度で転換しつつあります。あなた方がこれから経験しようとしている地球の危機とは、すべてノストルダムスやエドガー・ケイシーなどによって予言されてきたことなのです。つまり、地軸移動、火山の噴火、地震、洪水、干ばつ、疫病、飢饉《ききん》です。あなた方はすでにこうした危機を体験していますが、これからあなた方を迎える危機は、一層大規模なものとなります。

地球が経験する変化の中で、最も劇的なものは、地軸の移動ですが、どれだけの規模になるかは、およそ想像がつきません。地軸がこれまでと違った方向へ動くだけなのか、それともこれまでとはまったく正反対の位置をとるのかは、まだわかりません。すでに産業による汚染の影響を受けている地球の気候は、地軸の移動のために、さらに変化していくでしょう。

こうした変化はすべて同時に起こるわけではありません。世界中で断続的に繰り返されるでしょう。被害の大きな地域もあれば、それほどでない地域もあります。今の段階でその詳細を言い当てることはできません。

「高位の存在」は、人類が体験することになる未曾有《みぞう》の大艱難は、次元上昇に際して避けられないことだとした上で、その規模や被害の程度は、人類全体の意識のレベルやこれまでに人類が為してきた地球や自然への破壊的行為の度合いによると述べている。残された時間で、私たちは自然保護や地球環境の浄化、化学薬品や汚染物質などの除去にどれだけ真剣に取り組み、すでに破壊してきた生態系をどこまで復元するかが、艱難の規模を左右するというのだ。

ブルース・モーエンが遭遇したエイリアンは、人類がこれまで行ってきた地球資源の無駄な消費も、これから発生する人口削減の大きな要因となっていると述べている。そして、「使うためというより、むしろ富を蓄えるための消費、それはまさに、貪欲という感情エネルギーへの耽溺《たんでき》であるが、それが、飛躍的な人口増加と相まって、生態系を破壊に追いやろうとしているのだ」と、人間の度を越した貪欲さを厳しく戒めている。

ascension & earth change ⑳

ついに始まったアースチェンジの兆候

アースチェンジの前兆はすでに始まっている。世界のあちこちで発生している異常気象や自然災害、鳥インフルエンザ、経験したことのない奇病の発生、動植物の消滅現象などは、まさにその兆候である。

ホピの預言は、宇宙ステーションが完成し、空に青い星が現れる時、本格的なアースチェンジが一気に始まるとしているが、その前兆はすでに始まっていると考えるべきだろう。世界のあちこちで発生している異常気象や自然災害、鳥インフルエンザ、経験したことのない奇病の発生、動植物の消滅現象などは、まさにその兆候である。

今年初め、アメリカやヨーロッパでミツバチが大量消滅した事件は、未だにその原因がつかめていない。異変が起きているのはミツバチだけではない。世界各地から鳥や魚の大量死が報告されており、イギリスでは町からスズメが激減し、ヨーロッパ各地からはカエルの鳴き声がすっかり消えてしまったなどの報告が相次いでいる。

人類と長い間共存してきた生物がこの世から消えていくということは、社会と自然とのバランスの崩壊が本格的に始まったことを意味しており、やがて人類自身が同じ運命をたどることの前兆に他ならない。このように、もうすでに人類を襲う大艱難への警鐘は鳴らされているのだ。あとは私たちがどれだけそれに気づき心の準備を始めるかである。

では、世界各地で発生している異常気象の様子を見てみよう。

干ばつ

6年前から干ばつが続くオーストラリアの南東部や北東部では、農作物用の水はおろか飲料水の確保さえままならない状態に追い込まれている。そのために、2008年5月まで農作物の栽培を禁止する措置をとる州政府があるほどである。

庭の草花に撒《ま》く水は貯められた雨水に限られ、水道水は一切使用禁止、シャワーでさえ使える時間が家族数に応じて割り当てられている。北東部のクインズランド州にいたっては、飲み水が底を突くことが必至で、下水を浄化して再利用するまでに追いつめられているのだ。

中国北部の新疆《しんきょう》ウイグル自治区では、昨年の雪不足に続く今年の高温と極度の少雨によって、草原や湿地帯の広大なエリアが砂漠化の危機に直面している。アルタイ地区の草原では、例年ならば20センチ以上になる草が、今年はわずか6センチまでしか伸びておらず、340万ヘクタール以上の草原が干ばつの影響を受け、200万頭以上の家畜に食料や飲料水を満足に与えられない状況だ。

また、江南地区と華南地区の一部では7月以降、降水量が例年より50～90％も少なく、35度以上の高温が20日以上も続いた地域もある。河川の水量、ダムの貯水率ともに例年を大きく下回り、生活用水だけでなく、灌漑《かんがい》用の水や家畜の飲み水も枯渇し、被害が広がっている。

高温

ヨーロッパ各地では、2003年の夏に熱中症による死者が3万5000人以上にのぼったが、2007年もまたひどい高温に襲われた。4月の平均気温が平年に比べて4度（フランス）～13度（イタリア）も高く、7月に入ると、イタリア、ギリシャ、ルーマニアといった南東ヨーロッパの国々で50度に迫る高温がつづき、熱中症による死者が続出している。その被害が最も深刻なのが数日40度を超える記録的な暑さが続いたハンガリーで、7月末の段階で、中心部で230人、国全体で500人を超す死者が出た。

熱波の影響は山火事にもつながっている。ギリシャ南部では山林火災が相次ぎ、国家非常事態宣言が発令された。ペロポネソス半島を中心に170カ所以上で炎上するという異常な事態に、ギリシャだけでは消火活動が間に合わず、ヨーロッパの17カ国が消火に加わっている。犠牲者の数も60人を超し、消失家屋の数も膨大で、容易にその実態がつかめないほどである。

また米国西部でも、記録的な熱波が各地で最高気温を更新し、ラスベガスで47度、カリフォルニア州ベイカーではなんと52度を観測している。

異常な温度上昇が最も顕著に表れているのが、北極圏である。海洋研究開発機構と宇宙航空研究開発機構は、2007年の8月16日、衛星から観測した北極海の海氷面積が史上最小となったと発表した。海洋研究開発機構によると、8月15日現在の海氷面積は530万平方キロで、ここ5年間で最も海氷が残っていた3年前の同時期に比べると、およそ3分の2に減少。減少した海氷面積は、なんと日本列島4個分（！）にあたるという。北極海の海氷は例年9月中旬まで減り続けるため、その記録が大幅に更新されることは必至だ。

異常高温の影響で融解が早期に進むと、日射を直接吸収して、北極海の海水の加熱が加速する。その結果、融解がさらに進んで海水を加熱する。この悪循環によっていったん解氷が進むと、海氷面積は加速度的に減少していくことになる。

問題は、今回観測された海氷の減少が、この春に発表されたＩＰＣＣ（気候変動に関する政府間パネル）の予測よりも、30年以上も進行が早いことである。事実、海洋研究開発機構は「ＩＰＣＣの予測は北極海で起きている今の現象を説明し切れていない」と指摘している。

そのＩＰＣＣの温暖化予測を見ると、１００年後の平均気温の上昇予測を6・4度と推測している。しかし、年初に発表した最新予測に30年以上も狂いが出てきていることを考えると、１００年先どころか、数年先には5～6度の上昇が起きても決しておかしくなさそうである。

寒冷化

異常気象が温暖化だけに限らないところが、最近の異変の尋常ならざるところである。世界の各地で異常高温による死者が続発しているというのに、南米のペルーやアルゼンチンは異常な寒波に襲われており、アルゼンチンの首都ブエノスアイレスでは89年ぶりに雪が降り、ペルーのアンデスでは、寒気で100人を超す死者が出ている。

ニューヨークでも高温が続いていた昨年の夏、突然寒さが来襲。8月21日には最高気温が15度と1911年以来の最低気温を記録した。この気温は11月上旬並で、街はトレンチコートを着た人やマフラーを首に巻く人など、真夏とは思えない装いがあちこちで見られたというから驚きである。

一方、中国では8月7日、猛暑が続く北京市で突然雪が降っている。チャイナ・ニュースは「短い時間であったが、ヒラヒラと花びらのように美しく雪が舞った。どうにも不思議な真夏の雪だが、近頃の不安定な天気の象徴的現象である」と伝えている。

また、新疆ウイグル自治区の哈密《ハミ》市北部から天山山脈一帯でも、8月22日、気温が5~15度に急降下し、一面夏雪に覆われるという珍現象が起きた。

大洪水

昨年、激しい雨と雷が続いたイギリスでは、過去60年で最悪の大規模な洪水が発生し、各地の道路と鉄道で混乱が起こった。今回の大洪水に関し、ゴードン・ブラウン首相は気候の変化との関連性を指摘している。

インド東部ウエストベンガル地方は、死亡者が660人、100万人以上の人が身動きがとれない状況に陥るほどの豪雨に見舞われた。

中国南部や内陸部でも大洪水が起こっている。中国内陸部の重慶市では、115年間で最大の降雨記録となる歴史的な集中豪雨が続き、一部地区では市街地が完全に水没。死者は100人以上、家屋の倒壊や上下水道・電力・交通・通信などのインフラ被害も深刻だ。

また、河北省邢台市《けいだい》でも一時間の降雨量が93ミリを超す、過去40年間で最も激しい豪雨に見舞われ、場所によっては大人の肩あたりまで水が達するなど、甚大《じんだい》な浸水被害を受けている。

国家洪水干ばつ対策本部が発表した洪水の被害状況は、被災者数は8月15日現在で2272万人に達しており、死亡者は128人、行方不明24人。住宅の倒壊は約9万戸。農地の被災面積も122万ヘクタールを超えているという。

注目すべきは、2007年のわずか2カ月（7〜8月）で、これだけの大洪水が発生していることである。

ascension & earth change ㉑

ジュセリーノの予言

未来の出来事を「予知夢」という形で知らされるジュセリーノは、睡眠中に見た夢を鮮明に覚えていて、起床後にその内容を忠実に書き留め、必要と思ったものは、夢に出てきた当事者や関係者にすべてを「警告」として知らせている……。瞠目すべきはその驚くべき内容とその的中率の高さだ！

アースチェンジの前兆がこれだけの規模で起こっているとなると、これから10年、20年先の異変や大艱難がどのような形で起きるのか、具体的に知りたいところである。高位の存在とのチャネリングでも、具体的な情報となるとなかなか伝わってこない中で、ブラジル人、ジュセリーノの予言は貴重である。

2002年6月30日、この日は日本のサッカーファンにとっては忘れられない日として記憶に残っているに違いない。その日、日韓共催のワールドカップの優勝決定戦ドイツ対ブラジルが横浜国際総合競技場に7万人の観衆を集めて行われ、2対0で勝利したブラジルが、5度目のワールドカップ制覇を達成した。

それより13年も前、まだ開催国すら決まっていない1989年の9月の時点で、このワールドカップでブラジルが優勝することだけでなく、対戦国とスコアまで正確に予言していた人物がいた。この予言者ジュセリーノ・ノーブレガ・ダ・ルースは、サッカーの結果だけでなく、それよりはるかに重大な一国の運命を左右する戦争の勃発や巨大なカタストロフィの発生などを、詳細に予知しているのだ。

1960年生まれのジュセリーノは、学校の教師として、ブラジルのミラス・ジュライスで妻と子供4人の清貧な暮らしを続けている、ごく一般の市民である。

未来の出来事を「予知夢」という形で知らされるジュセリーノは、睡眠中に見た夢を鮮明に覚えていて、起床後にその内容を忠実に書き留め、必要と思ったものは、夢に出てきた当事者や関係者に知らせているのだという。

彼は予知夢のすべてを「警告」として伝える。夢の対象が個人的な場合は本人にだけしか知らせないが、国家元首や地位の高い著名人である場合など、その内容の社会的影響が大きいと判断したら、その国のマスコミや大使館などにも伝えることにしているそうだ。

ジュセリーノが他の予言者と違うのは、それが起こる年月日を明確に示した予言をすること、そして予言を受けた日付と内容を公証人役場に登録したり、当事者への伝達の事実を記すために郵便局から公的発信証明を取ったりしている点である。

それによって、後日、予言の真偽が確認できるようにしているのだ。そのために毎日3~4時間が費やされ、発送経費も時にはかさむこともあるようだが、それらの費用は、教師の少ない収入から生活を切りつめて捻出《ねんしゅつ》しているというから、どこかの国のキンキラキンの衣装を身につけた女性占い師とは大違いである。

ジュセリーノが予言のもとになる「予知夢」を見るようになったのは、9歳の頃、1969年からだった。夢は日に3件の時もあれば9件の時もあり、件数はその日によってまちまちだという。「夢は自然に出てきて、気づかないうちに見ているのです。決して私が選ぶわけではありません」とも述べている。

予知夢に「世界的な災害や事件」が増えてきたのは、19歳の時、彼が聖人と呼ぶフランシスコ・シャビエルというブラジルの名高い霊能力者に会ってからだという。シャビエル氏は慈善事業家でもあり、ノーベル平和賞に2回もノミネートされている。

こうして次々と伝えられる予言は、すでに8万件を超えており、これまでに的中したものの中には、次のような世界的な大事件や巨大災害が含まれている。

①ダイアナ妃の暗殺
②ワールド・トレード・センタービルへの2回の攻撃
③スマトラ沖大地震とインド洋津波
④ベルリンの壁崩壊
⑤ロシア、ベスランの学校での武装勢力テロ
⑥ロンドン同時多発テロ
⑦ローマ法王ヨハネ・パウロ2世の逝去
⑧阪神・淡路大震災
⑨東京地下鉄サリン事件
⑩新潟県中越地震

中でも、際だっているのが9・11同時多発テロの予言である。

ワールド・トレード・センタービルへの2回の攻撃

予言に基づく警告書が最初に米国大統領（現大統領ジョージ・ブッシュの父親）と英国領事館に送られたのが、１９８９年10月26日。2回目は、それから10年後の１９９８年10月28日にビル・クリントン大統領宛てに、発送されている。最初の警告書には、ワールド・トレード・センタービルへの１度目の攻撃が１９９３年に行われること、さらに、2度目の攻撃は、２００１年9月11日と日付までが明記されている。また、クリントン大統領宛ての警告書には、「マンハッタン島に対するテロ攻撃で、高層ビルが空からやってくる火に包まれるのです」と、事故の様子がより詳しく述べられている。

この予言通り、第1回の攻撃は警告から3年半後の１９９３年2月26日に行われ、駐車場で爆弾が爆発して多数の死者・負傷者が出ている。ジュセリーノが指摘した2回目の攻撃は「9・11同時多発テロ」のことだが、彼はこのことを13年前に予知していたということだ。

驚くことに、実際にテロが発生した直後に現大統領ジョージ・ブッシュに送られた手紙には、アフガンとイラクで戦争が勃発することやイラク戦争後にフセイン大統領が逃亡し、イラク中部のダウルにある隠れ家に潜むことまで記されている。
また、長い間、アメリカ軍が必死で捜してもわからなかったフセインの隠れ家の場所についても、次のように具体的に書かれている。

そこはノアの箱船のポスターがある場所で、チグリス川の横にある木の板とプラスチックの敷物に覆われた洞窟である。入り口はレンガと泥やゴミで偽装されている。

その後の新聞報道を見れば、彼の予言が正鵠を得ていることがわかる。
裁判でフセインの有罪が確定した後、２００６年の年の瀬12月30日に死刑が執行され、その後、スンニ派とシーア派間の宗派の対立が一段と激しくなって内戦状態に陥り、連日連夜、多くの命が失われているのは、ご存じの通りである。そうしたフセインの最期とその後の動乱の様子を、ジュセリーノは6年も前に、寸分違えず伝えているのだ。

また、2006年5月29日に、ジャカルタにあるインドネシアのラジオ・パスFM局に宛てに送った3度目の手紙にも、次のようにある。

サダム・フセインはイラクの裁判によって有罪の判決が下り、2006年12月30日に死刑が執行されるでしょう。これがイラク全土で闘争の原因となり、多くの人が命を落とすことになるでしょう。

スマトラ沖大地震とインド洋津波

スマトラ沖大地震とインド洋津波については、発生日より8年ほど前、1996年9月16日付けのインド大使宛てに最初の警告が発せられているが、その翌年に、当時

のモルディブ大統領マウムーン・アブドゥル・ガユーム氏に宛てた書簡には、予知夢の内容が詳細に書かれている、

私は夢の中で、２００４年に南アジアを直撃するとても大きな地震を見ました。それは12月26日、朝の7時に起きます。マグニチュードは8・9です。これによって10メートルの津波が発生し、インドネシアのアチェ州に始まって、インド、マレーシア、スリランカ、タイ、モルディブ、そしてミャンマーとモーリシャスまでにも広がります。間違いなく1万人以上の人々の命が失われるでしょう。どうぞ私が申し上げることをお聞き下さい。この日には人々が多数の安全な場所を捜すよう伝えてください。（１９９７年4月20日予知）

その結果は、予告通りの地震が現地時間12月26日朝7時58分に発生し、最大の津波は30メートルとなって多くの人々を呑み込み、最終的な死者の数は30万人に達した。

このようにジュセリーノの予言は、これまでに登場したいかなる予言者のそれと比べて、その予言数、具体性、的中率のいずれにおいても比較にならないほどで、驚異的としかいいようがない。

ダイアナ妃の暗殺

生前のダイアナ妃自身に宛てた1997年3月4日付けの警告書も大変衝撃的で、事故の警告だけでなく、それが身近な者による陰謀であることを告げている。

事故を引き起こす悪意のたくらみがあなたに仕掛けられることを、私は天から7人の合図で知らされました。あなたの命がとても危険にさらされていると、天使が私に語りました。その事故であなたは命を失うかもしれません。しかし、専門家たちはこれを不運な事故だと語るでしょう。けれども彼らは間違っています。殺人者はあなたの近くにいます……これは2000年が来るまでに起きるでしょう。

この警告書は、イギリスを代表する「タイムズ」や「デイリー・テレグラフ」、「ガーディアン」の3大新聞にも送られているが、報道はされなかったようである。事件は警告から5年後の1997年8月31日に発生し、予言通り、不慮の事故（運転ミス）として処理されてしまったことは、ご承知の通りである。

この予言の凄さは、単に世界を揺るがす大事件の発生を予知しただけでなく、その事件の裏に隠された「陰謀の正体」にまで言及していることである。ダイアナ妃暗殺がエリザベス女王を中心としたイギリス皇室によって仕掛けられたものであることは、事故発生直後から多くの人々によって囁《ささや》かれてきたが、ジュセリーノの予言の的中率を考えると、「殺人者はあなたの近くにいます」は、それが単なる噂話ではないことを示しているといえるだろう。

皇室内のおぞましい秘密、外部には決して漏らせない重大な秘密を知ったダイアナ妃は、口封じのために暗殺された。英国皇室やその仲間たちにとってそれが「不都合な真実」であるがために、決して公の席で語られることのないまま今日に至っているのだ。

最近、ダイアナ妃の死に際して、決して涙を見せなかったエリザベス女王を美化した映画が上映されているが、それが、世論に押されて発足した真相究明委員会の結論が出る前に、世論操作を狙った「やらせ映画」であることは、見え見えである。

ところで、ダイアナ妃に宛てた警告書では、事故の発生時期が「2000年が来る前」とあるだけで、正確な年月日は明記されていないが、この予告より2年前に、当時のブラジル大統領エンリケ・カルドソに宛てた手紙には、「……1997年か98年にダイアナ妃を失う……」と書かれている。

アル・ゴア氏のノーベル平和賞受賞

アメリカの元副大統領アル・ゴア氏が温暖化問題に取り組み、その著書『不都合な真実』が映画化されてアカデミー賞を受賞したことは、記憶に新しい。

これもまた、19年も前にジュセリーノによって予言されていたことだというから驚きである。

1988年5月にアル・ゴア氏に宛てた手紙には、彼が1993年から2001年にかけてビル・クリントン政権の副大統領を務めること、将来、地球環境を守るための活動に取り組み、『不都合な真実』という本を著すことが記されていた（手紙は英語で書かれており、「An Inconvenient Truth」とある）。

1988年当時、アル・ゴア氏は上院議員の中で特に際だった存在ではなかったから、5年後に彼が副大統領に就任することなど、よほどの政治通か身内の者以外、予想すらしなかったはずである。ましてや、地球の環境保全に取り組むことや、その成果を「不都合な真実」なる題名の著書として世に出すことなど、本人ですら思いもつかなかったことに違いない。だが、この2つの予言は、それぞれ5年、19年の歳月を経て、見事に的中することとなったのである。

実は、この手紙にはさらにもう1つの信じ難い予言、ゴア氏が19年後の未来に起こる重要な出来事が記されていた。それは、地球温暖化現象についての啓蒙《けいもう》活動が認められ、2007年にノーベル平和賞を受賞することであった。

私がこの本の初稿を書いている時点ではまだこの予言は成就されておらず、ジュセリーノ予言に関心を持つ多くの人々と共に、私はノーベル賞委員会の発表を大いなる期待と一抹の不安を持って心待ちにしていた。

やがて、その日がやってきた。10月12日、ジュセリーノの予言通り、アル・ゴア氏がノーベル平和賞の受賞者に決定したのだ！　我々はこの瞬間、ジュセリーノの予言成就の生き証人となったわけである。私はそのニュースを13日早朝に知った。それは、沖縄の講演会に向かって家を出る直前で、一瞬、私の背中に戦慄が走った。地球はこれから大変なことになるぞ！　羽田に向かう車中、私はジュセリーノの未来予言を次々と思い浮かべていた。

ところで、ジュセリーノは、「自分に予知夢を見させているのは霊的な助言者だ」

と語っているが、彼の予言が驚くほど精緻《せいち》であり、的中率が極めて高いことを考えると、彼が助言者と呼んでいる存在は、大変レベルの高い背後霊であることは間違いなさそうである。私は、宇宙にいる「高位の存在」ではないかと考えているが、少なくとも6次元以上の存在であることは確かだ。でなければ、ここまで精緻にして、正確な内容を伝えることは不可能である。

また、ジュセリーノは自分に予知夢を見させているのは1人の助言者だけでなく、他にも数人の支援者たち（彼は天使たちと呼んでいる）がいると語っているが、それらの存在もまた、「高位の存在」の下で働く高級霊の集団なのだろう。

ascension & earth change ㉒

これからどうなる？　ジュセリーノ近未来の予言

ジュセリーノは、こう言っている。

「人類が意識を変えれば、気候変動を含めた大災害や戦争の発生を抑えたり、その規模を小さくすることができます。そのタイムリミットは2007年の年の瀬です」

さて、このとき意識の変革は、はたしてあったのだろうか……

これほどの予言者が存在するとなると、誰もが知りたいのは、彼の発する近未来の予言である。ジュセリーノは癌《がん》やエイズの特効薬の出現という朗報を予知する一方、感染したら数時間で死に至るという恐ろしい感染症（「エルス」と名づけられるという）の蔓延や、地震や火山噴火、ハリケーンなどの巨大カタストロフィ発生という暗い未来も予言している。

ここでは、私が衝撃を受けた、これから起きるとされるいくつかの近未来予言を列記しておくが、詳細を知りたい方には、彼の著書『未来からの警告』を読むことをお勧めする。

なお、近いうちにジュセリーノ予言集の2巻目が出版されるようで、それにはさらに驚くべき予言が掲載されるものと思われる。

ただ注意してほしいのは、ジュセリーノの予言はかなり的中率が高いとはいっても、個々の予言が決して絶対的なものではないということである。予言はあくまで、ある時点から眺めた未来の可能性の高い一場面に過ぎない。人々の考え方、生き方、行動、また、祈りの力などによって、その時期が延ばされたり、大難が小難に、小難が無難に変わることはありえることなのだ。

私が、ジュセリーノの未来予言を紹介したのは、あくまで、これから先の近未来を見通す上での1つの参考にしてもらうためである。そのことを念頭においてご覧いただきたい。

2008年

アフリカが深刻な水不足に陥り、国家間の対立が起きて数千人が死亡／エイズとデング熱に有効なワクチンが開発される／7月18日、フィリピンでマグニチュード8・1の地震が起き、数千人が死亡する／エンパイアステートビルで9月にテロ事件発生／9月13日、中国で南寧《なんねい》と海南島を震源地とするマグニチュード9・1の地震が発生、100万人を超える犠牲者が出る（対岸の日本に押し寄せ

る津波が懸念される）

２００９年

1月25日にマグニチュード8・9の地震が大阪や神戸を直撃し、数十万人の犠牲者が出る／ブラジルの経済危機で保険制度や年金制度が崩壊し、都市や刑務所で暴動が起きる。

２０１０年

アフリカの数カ国で気温が58度まで上昇して、深刻な水不足が発生／ニューヨークの株式市場が6月15日に崩壊し、世界経済が危機に陥る。

２０１１年

癌の治療法が発見されるが、一方で、新しい病気が発生する／致命的なウイルスが出現。免疫力をなくす「エルス」と名づけられるこの病気にかかると、わずか4時間で死亡する／鳥インフルエンザ（H5N1型）が本格的に人間に感染するようになり、2013年までに7300万人が亡くなる。

2012年

焼き畑の拡大によって砂漠化が始まる。その結果、2015年から2020年の間にアマゾンの樹林が消える／12月6日から黒い雲の時代といわれる気象的な混沌《カオス》が始まる／疫病が蔓延して人類の滅亡が始まる。

2013年

脳腫瘍以外の癌の治療法が完成する／カナリア諸島のラ・パルマ島で、11月1日から25日の間に火山が爆発して地震が発生。その直後150メートルの巨大津波が発生する。カリブ、ヨーロッパ、アメリカ、ブラジルに80メートルの津波が押し寄せ、海岸から15キロから20キロ離れた内陸部にまで侵入。津波が来る前に海は6メートルほど低下し、たくさんの鳥が移動し始める（ジュセリーノは「犬やネコが24時間ほど前に異常な行動をし、その場を離れようとするので目安になる」と述べている）。

2018年

世界中の政府が集まり、地球に向かっている小惑星についての対策会議が開かれる（この小惑星は、2000年にジュセリーノが予知してNASAに通告したもので、2002年6月30日にNASAが確認している。「2002NT7」と名づけられたこの小惑星が地球に衝突する確率は60％）／6月に日本の東海地方でスマトラ地震を上回る巨大地震が発生。

2026年

7月にサンフランシスコで超巨大地震（「ザ・ビッグ・ワン」と名づけられる）が起こり、サンアンドレアス断層が破壊されて、カリフォルニアが崩壊。多くの火口が新たに開き、高さ150メートルの津波も発生する。

2027年
アメリカのイエローストーンで大噴火が起き、1600キロまで広がる降灰で、カンザス州、ネブラスカ州、モンタナ州などで大被害が出る。

2028年
世界各地で海面上昇が起こるために、現在の海岸線エリアには人が住めなくなる／イタリアのベニスは水の下に消える。

そして、ジュセリーノが伝える最後の予言が2043年である。

２０４３年
世界の人口が減少し、人類の８割が消える。

「意識の覚醒」に残された時間はわずかしかない！

「２００７年12月から黒い雲が世界中の空に広がるだろう」

２年ほど前、サンパウロに住む２人の起業家を中心とした仲間内の集まりで、ジュセリーノはこう予言した。

「巨大な気候の変動が起きるまでに、少しですが、まだ時間が残されています。２００７年12月以降、黒い雲が世界中の空に広がります。ここにいる方々は、それを見ることになるでしょう。そして、２００８年１月以降、人類の不幸が本格的に始まるのです。それが心配でなりません」

世界の各地で起きている自然災害や戦争・テロによって、すでに多くの人々が不幸で不安な生活を余儀なくされている。そういう状況下で、「２００８年以降に本格的な人類の不幸が始まる」と告げているということは、今後私たちが目にする災害やテロは、従来にも増して大規模で残虐《ざんぎゃく》なものになるのだろう。

現に、その後の会話の中で、彼は「２００８年から２０１２年にかけて、私たちは恐ろしい日々を過ごすことになるでしょう」と語っている。その前兆として現れる現象が、世界中の空に広がる「黒い雲」というわけである。

ジュセリーノは、こうも言っている。

「人類が意識を変えれば、気候変動を含めた大災害や戦争の発生を抑えたり、その規模を小さくすることができます。そのタイムリミットは２００７年の年の瀬です」

つまり、私たちがいつまでも他力本願、日和見主義を押し通していたら、大難が小難に、小難が無難に変わることなく、ジュセリーノが伝える暗い未来予言は次々と成就してしまうということだ。

ascension & earth change ㉓

北米インディアンが幻視した「大いなる浄めの日」の惨状

２人のグレートスピリット（シャーマン）が目撃した「地球ビッグチェンジ」とは？　どうやら大規模なポールシフト（地軸傾斜）が発生するようだ。生き残った人々は、「生者が死者をうらやむほどの艱難《かんなん》」にあうようだ。アースチェンジの前には世界戦争も起こるという……

ショーニー族やチペア族は、ホピ族と同じ北米インディアンだが、彼らもまた、大いなる浄めの伝承を受けついでいる。

ショーニー族には、今から200年ほど前、ウオークインウッズという優れたシャーマンがいた。彼女は種族が遭遇することになるたくさんの未来の幻を見るたびに、部族の者たちにそのことを警告した。

そして、それらは次々と現実のものとなっていった。やがて、彼女の名は広く知れ渡り、他部族にもその名を知らない人はいないほどまでになった。

歳月は過ぎ、彼女は102歳で亡くなる。彼女は、息を引き取る前に、次のような予言を残している。

「あなた方は、やがて自分の生まれさえ否定するようになるだろう。そしてある日、1人の娘が現れる。それは、私の分身じゃ。平原に降る夏の雨のように清らかなその娘は、精霊の道を邁進《まいしん》するであろう」

その後部族を取り巻く環境はしだいに悪化し、人々の暮らしにも大きな変化が現れた。白人と結婚する娘たちが増え、急速に混血が進んだ。村人たちは白人社会に取り込まれ、言葉は英語化し、自らのアイデンティティーさえ失いつつあった。それらはすべて、ウオークインウッズが幻の中で見て、恐れていたことだった。

それからおよそ1世紀が過ぎた1892年、ミネソタ北部のレッドマウンテンに近い五大湖のほとりに住むチペア族に、1人の盲目の女の子、ブライトアイズが生まれた。シャーマンを父に持つ彼女は、肉体の目の代わりに心の目ですべてを見ることができた。やがて彼女は、かつてインディアンの大首長であった精霊の導きによって、西の山脈へ向かって長い旅に出る。西の地でシャーマンとしての役割を果たすためだった。

さらに歳月が流れ、盲目のシャーマン、ブライトアイズがコロラドのロッキー山脈の森を散策していた時、清らかな魂を持つある女性と遭遇する。長い黒髪の彼女は、丸太の上に座って泣いていた。優れた霊感を持ち、肉体離脱も自在にできる彼女は、直感で、グレートチェンジ（大激変）の到来を知っていた。そのことを多くの人々に伝えようとしたものの、ことが順調に進まないため、自分の力のなさに悲嘆に暮れていたのだ。

この女性メアリ・サマーレインこそ、今際《いまわ》の際《きわ》に「やがて現れる」と言い残した、ショーニー族のシャーマン、ウオークインウッズの分身である。ウオークインウッズの曾孫《ひまご》として生まれたサマーレインは、予言通り、清らかな心で、精霊の道を邁進していた。

そして、彼女はロッキー山脈の山中で巡り会ったブライトアイズに導かれ、やがて地球の未来像、アースチェンジの惨状を天空から目撃する。

この話は、サマーレインの著書『[地球ビッグチェンジ] グレートスピリットの警告』(仮題、日本でも徳間書店から刊行が予定されている)の中で紹介されているのだが、その翻訳を手がけた林陽氏から出版前の原稿を送っていただいた私は、この原稿を読んで、自分の考えていることが決して間違っていなかったことを知り、大変勇気づけられた。と同時に、2人のグレートスピリットが目撃した地球大激変の様子の一部を是非読者に紹介したいと考えた。

出版前の原稿の引用など通常は許されないが、お願いしたところ、林氏は快く承諾してくださった。うれしい限りである。

次に紹介する目撃の様子は、サマーレインがブライトアイズに導かれて天の高みから見せられた、近未来のアメリカと世界の惨状である。


　私たちは下降した。成層圏を抜けると、視界がはっきりしてくる。私は絶句した。大いなる惑星が傾斜している。それに釘付《くぎづ》けになった。地球は一度ぐらつき、それから安定を取り戻した。

「母なる大地がもだえ苦しんでいる。自分を取り戻したところだ」私たちは未来に来ていたのだ。

「見に行こう」と彼女（ブライトアイズ）は先導した。好奇心に駆られて彼女のあとを追う。私たちは合衆国の上空に来た。州と州の見分けがほとんどつかない。

私の目は地図に慣れすぎていた。老婆の鋭い目と専門的解説が必要だ。

私たちは北米大陸全体を調べた。おなじみの地理はがらりと変化していた。その動きを子供の万華鏡を通すように見た。だが、これは遊びではない。地球はおもちゃではなく、現実だ。

何もかもが右に傾斜していた。アラスカは北米の先端に来ていた。メキシコは南から西に移っている。ニューヨークは一部しか見えない。

さらに接近して、北米の東と西の海岸すべてが消えているのを見た。フロリダ州はまるごと大陸から切り離されている。大地は大断層で引き裂かれていた。サンアンドレアス断層は紙のように大陸を引き裂き、切り離された部分は荒れた海の中に漂っている。

壮大な動きの中で、世界中で水が引き、止まり、バランスを取ろうと戻ってきた。その中で（アジアやヨーロッパなどの）無数の島が海に洗われ、消えていった。

――中略――

私は再び合衆国に焦点を寄せた。海岸部は消えている。ミシガン州ミッテンステートは大水の下にあった。スペリオル湖の水が急に流れ出して、ミシガン州北部が孤立している。五大湖の水はすべてミシシッピ川に流れ込んでいる。ミシシッピ川の両側は洪水に合い、壮大な水の力で大渓谷になっていた。ミシガン州南部は水に浸かっていた。どこも水に覆われている。ヒューストンから北カロライナ州ラレイまで陸が見えない。ペンシルベニア州とオハイオ州も水に覆われている。ミシガン州とインディアナ州全体も。合衆国は今や完全に二分され、東部は島と化していた。

「水はあとで引くよ。島のままではいない」と老婆。

私はホッとした。それほど信じられない光景だった。変化の時が来れば、被害の全貌を知るまでに、かなり長い時間がかかるはずだ。はるか左を見ると、シエラネヴァダの西の海岸部がすべて消えていた。アパラチア山脈は大部分が崩壊している。北米分水域は手つかずの状態に見えた。西部の多くの場所で火山が爆発していた。

サマーレインの目撃談から判断すると、どうやら、近い将来大規模なポールシフト（地軸傾斜）が発生することになるようだ。現在の地軸は23度ほど右に傾いているが、北米の北西端にあるアラスカが北東端に、また、南北に長いメキシコが東西に横たわるように向きを変えるということは、傾斜はさらに40～50度進むのだろう。

ポールシフトについては古くから多くの予言者が懸念していることだが、これだけの規模となると、大規模な地殻変動が発生し、大陸がその姿を大きく変えることは間違いなさそうだ。現に、サマーレインは北米大陸が二分され、分離帯が海底に沈んだ姿を目撃している。

五大湖が氾濫《はんらん》してミシシッピー川に流れ込み、その壮大な水の力で川の両岸がえぐられて大渓谷を築いていく場面は、私が『謎多き惑星地球《このほし》』（徳間書店）で述べた先史文明崩壊時の一場面と瓜二つである。まさに先史文明滅亡の再来である。

目撃談はさらに続く。


「もっと近づこう」

「もうたくさん」

私は人の姿を見たくなかった。

「夢を思い出したのかい？」

私はうなずいた。

「サマーは見る必要がある。行くよ」

私は仕方なく彼女の美しい霊魂に従った。

望遠鏡を通して見るかのように地球の映像が拡大された。私たちはネブラスカ州オマハの真上に降りた。まるで悪意をもって作られたホラー映画を見ているかのようだ。恐ろしい光景が生々しく演じられている。大地震によって町は崩壊していた。高層ビルは鉄骨だけを残して倒壊し、コンクリートとガラスが散らばっている。人々は殺気立ち、狂ったように悲鳴を上げていた。方々に流血を見た。潰《つぶ》されて手足をもがれた体が死者の上でもだえ苦しんでいる。ガス管からたいまつのように火が上がり、高圧線は火花を散らしている。すべてが混沌と化していた。

それから郊外に飛んだ。規模が小さいだけで、光景は都会とあまり変わらない。低い建物は潰れ、残る家屋は暴徒の群れに荒らされている。食料のありそうな店は残らず襲われていた。人々は踏みつけ合い、相手が怪我して苦しんでも気にかけなかった。文明人がここまで獣的になるのかと目を疑った。彼らは最低の行為に落ちていた。互いを銃で撃ち始めた。みんな集団で動いている。うろつく者もいれば、他人の家を襲う者もいる。所有者は地所を守ろうと必死になった。

野獣が走り回っている。地震を受けて動物園の檻《おり》が壊れていた。動物は突然解放されて動揺している。ライオンとピューマが人を襲い、象は群れを成して逃げ、爬虫類が街路を徘徊《はいかい》している。

これほどの惨状を見せられたら、サマーレインならずとも「もうたくさん」と言うに違いない。

彼女が幻視したのは1980年代前半だから、その後の人類の生き方や意識の覚醒によって、近未来に起こる事態は多少異なったものとなるかもしれない。

しかし、サマーレインが幻視するまでの長い道程を考えると、見せられた映像と実際に起きる状況とが極端に変わるようなことはないように思われる。

それにしても彼女が見た身の凍るような惨状、生き残った人々が野獣と化し、奪い合い、殺し合う場面は、まさに「生者が死者をうらやむほどの艱難」そのものである。

実は、2人の話はさらに続いて、アースチェンジの前に起きる世界戦争に移っていくのだが、これから先は『[地球ビッグチェンジ]グレートスピリットの警告』(仮題)を読んでいただくことにしよう。

ascension & earth change ㉔

日月神示が伝える地球大掃除

日月神示には、「世は七度の大変わり」という言葉が数カ所に登場し、人類はこれまで絶滅に瀕するような大変動を、過去に6回経験してきたことが記されている。今回7度目の大変動は、この世が始まって以来の規模で起こり、「天地が混ぜ混ぜになる」という……

地球規模の大掃除（アースチェンジ）については、日本神界の神々も岡本天明を通して伝えている。

日月神示には、「世は七度の大変わり」という言葉が数カ所に登場し、人類はこれまで絶滅に瀕《ひん》するような大変動を、過去に6回経験してきたことが記されている。そして、今回遭遇しようとしている7度目の大変動は、この世が始まって以来の規模で起こり、「天地が混ぜ混ぜになる」。この大激変で救われる者は、ごくわずかしかいないという。

イエスもまた、まったく同様の警告を残している。新約聖書のマタイ伝24章には、「世の初めからいまに至るまで起きたことがなく、二度と起きないような大艱難が発生する」「そしてその日が短くされなければ、肉なるものは誰も救われないであろう。しかし、選ばれた者達のために、その日は短くされる」とある。

この大いなる荒波を乗り越えることによって、人類がそれまでに積み重ねてきた汚れ、穢《けが》れの祓《はら》い浄めが行われ、ネガティブなカルマ（悪業）の総清算が行われるというわけである。

そして、地球は、光り輝く「新しき御世」へと生まれ変わることになるのだ。この「人類の大峠」といわれる7度目の大激変が、私が述べてきたアースチェンジを指していることは、いうまでもない。

さらに日月神示には、これまで見てきたジュセリーノの予言やサマーレインが幻視した情景を彷彿《ほうふつ》させるような大変動と、それに備える心構えが、次のように厳しい口調で述べられている。

神は気もない時から知らしておくから、この神示をよく読んでおれよ。一握りの米に泣くことあると知らしてあろうがな。米ばかりでないぞ、何もかも、人間もなくなるところまで行かねばならぬのぞ。人間ばかりでないぞ、神々様さえ、今度は無くなる方あるぞ。

人間というものは目の先ばかりより見えんから、呑気《のんき》なものであるが、いざとなりての改心は間に合わんから、くどう気つけてあるのぞ。日本ばかりでないぞ。世界中はおろか三千世界の大洗濯と申してあろうがな、神にすがり神の申す通りにするより外には道がないぞ。

神世の秘密として知らしてあるが、いよいよとなりたら地震、雷ばかりではないぞ、臣民アフンとして、これは何としたことぞと、口あいたままどうすることも出来んことになるのぞ。四つんばいになりて着るものもなく、獣となりて、はい回る人と、空飛ぶような人と、二つにはっきりと分かれて来るぞ。獣は獣の生来いよいよ出すのぞ。

火と水の災難がどんなに恐ろしいか、今度は大なり小なり知らさなならんことになりたぞ。一時は天も地も一つに混ぜまぜにするのざから、人一人も生きてはおれんのざぞ。それが済んでから、身魂みがけた臣民ばかり神が拾い上げて弥勒の世の臣民とするのぞ。

どうやら三千世界の大掃除は、単なる大型台風や巨大地震程度ではなさそうである。臣民はアフンと口をあけたまま手の施しようがないというから、その凄さのほどがわかろうというものだ。おそらく最大の大掃除とは、ポールシフトによって生じる地球規模の地殻変動とそれに伴って発生する巨大災害ではないかと思われる。その結果、食糧ばかりか着る物にも不自由し、獣のように徘徊する人間も出てくるというのだ。

また一方で、空を飛ぶような善人と地をはい回る獣同様の人間とに二分されるという。それは、人間が持った心根《こころね》（生来）がそのまま表に表れるようになるからだ。

これまでは、心根の曲がった者も悪意に満ちた人間も、その心の中を肩書きや衣装、巧みな言葉などによって取り繕《つくろ》うことができた。しかし時が至ると、魂の中身・性根がもろに表に出てしまうため、一見しただけで、善人、悪人の見分けがついてしまうことになるというわけだ。

その結果、地上に残った人々は2つのグループに分かれて暮らすことになるようだ。

獣の魂を持つ人々はお互いに引き合って1つのエリアに集まり、一方、善根を積んだ人々は同じ心根の人同士で集団を組んで生活する。前者は性懲《しょうこ》りもなく騙し合いや争い事を続ける一方、後者はさらに徳を積んで4次元世界への旅立ちの準備をする。

しかし、いつまでもこんな状況が続くはずがない。「最後の大掃除」「大いなる浄めの日」が程なくやってきて、地球は一気に次元上昇に向かうのだ。もはやそこには3次元世界は存在しない。それゆえ、すべての人間が地上を離れて霊的世界へ旅立つことになるが、向かう先は二手に分かれることになるだろう。

1つは幽界の最上階もしくは霊界、他方は幽界の下層階である。上層階に向かった魂はやがて4次元世界への移行を果たすことになるだろうが、後者は、次なる再生の際には、他の惑星の3次元世界へ転生し、再び肉体を持った存在として、1からやり直すことになるに違いない。

最新の情報では、両者とは別に、霊的世界へも行けずに魂の抹消を余儀なくされる者も出てくるようである。何とも恐ろしいことだが、何百万年間にわたって転生を繰り返し、幾度となく魂の覚醒のチャンスを与えられながら未だ至らず、最後のチャンスとなる今世でも、まだ懲りずに人を裏切り、騙し、殺傷している人間を見るにつけ、それもまたやんぬるかなと思えてくる。

日月神示には、「(この種の人間は)今度はみな灰にして、無くしてしまうから、その覚悟しておれよ」とある。「地獄へ送り届ける」のではなく、「灰にしてなくしてしまう」といっているのだ。これこそ、魂の抹消に他ならない。

いざとなりての改心は間に合わんから、くどう気つけてあるのぞ。

最後の舞台の終演の時が刻々と迫る中、深く心に刻んでおきたい一節である。

ascension & earth change ㉕

アセンションの「その日、その時」は、いつ来るのか？

ホピの預言やホピの長老の言葉は、「その時（大いなる浄めの日）は、あなたの時代か、子供の時代か、孫の時代だ」と述べている。その時期がそんなに遠い先でないはずだ。

肝心なことは、その時がいつかではなく、その時までどう生きるかである。

誰もがまっさきに知りたいのが、アースチェンジの最終段階とその直後に始まると思われるアセンションの時期だろう。しかし残念ながら、この未曾有の一大イベントの詳しい時期については、その時が間近に迫っていると思われる今でもまだ、明らかにされていない。

マタイ伝にも、「その日、その時については誰も知らない。天のみ使いたちも子も知らない。ただ父だけが知っておられる」（マタイ伝24章）としか記されていない。最終的には、天の神が地球や人間の進化の進捗《しんちょく》状況や宇宙との関わりを判断し、決断されることになるというわけである。

ただ、その時期を知る手がかりとなる一節が、同じ24章に次のように記されている。

イチジクの木から例えとしてこの点で学びなさい。その若草が柔らかくなり、それが葉を出すと、あなた方はすぐに、夏の近いことを知ります。同じようにあなた方は、これらの全てのことを見たら、人の子が近づいて戸口にいることを知りなさい。

「これらの全てのこと」とは、身の回りに起きる森羅万象《しんらばんしょう》、「人の子が戸口にいる」とは、新しい世界の到来が目前に迫っていることを意味している。そして、意識を覚醒し感性を研《と》ぎ澄《す》ましていれば、天啓や神示がなくても、その日その時がいつなのか、およそのことがわかるというのである。

ただ、それが誰にでもできるほど容易でないことも、また事実である。

旧約聖書にある「ノアの箱舟」を思い出してほしい。

地球規模の大洪水の発生を前に、当時もさまざまな兆候があったはずだ。しかし、洪水が来てすべてを流し去るまで、人々はノアの警告を笑い飛ばし、ノアが箱舟に入る前日まで、人々は食べたり飲んだり、めとったり嫁いだりしていた。人間はそれだけ愚かで弱い生き物なのだ。

ホピの預言やホピの長老の言葉は、その時期について、聖書より少しばかり具体的に伝えている。

長老は、「その時（大いなる浄めの日）は、あなたの時代か、子供の時代か、孫の時代だ」と述べている。

長老の語った時期が今から50年近く前であったことを考えると、現在は、すでに子供の時代から孫の時代に差しかかっていることになり、その時期はそんなに遠い先でないはずだ。

そして、「その時期は、天に青い星が現れ、天の家（スペース・コロニー）が大音響と共に落ちてきた後」という預言もある。先述したように、5本の螺旋構造を持った子供たちには、すでにその星の到来が知らされており、「天の家」の完成も間もないことを考えれば、その日が遠からず到来してもおかしくない。

日月神示には、その時期が別の表現でより具体的に伝えられている。

子《ね》の歳《とし》を真ん中にして前後十年が正念場、世の立て替えは火と水ざぞ。

大艱難のクライマックスは「子の歳」を挟んで前後10年間だというのだ。「子の歳」が、これから先に到来する最も近い「子歳《ねずみどし》」だとすれば、「立て替えの正念場」は2008年の前5年・後5年、つまり2003年から2013年ということになってくる。

日月神示に関する著書を何冊か著わしている中矢伸一氏も、「出自がそれぞれ異なるはずの、さまざまな予言や予測が、どういうわけか2012年という歳に向けて収束していることを考えると、2008年を真ん中にした、これからの5年を大激変の最終段階と考えておくことも必要ではないだろうか」と述べている。であれば、アセンションの始まりもそう遠い先のことではない。

しかし、子《ね》の歳が2008年だとする確かな根拠があるわけではない。もしかすると、もう一巡、あるいは二巡先の子歳であるかもしれないのだ。そうなると、さらに、12年ないし24年先の子歳、つまり2020年、あるいは2032年を真ん中にした前後5年が大激変のクライマックスということになる。ジュセリーノの予言を見ると、これから先、10～20年かけて大規模な艱難が続くようなので、ポールシフト（地軸傾斜）を伴った大激変のピークは、もう少し先のことかもしれない。

ただ、人心の混乱が近年著しく、環境汚染や気候の変化が想像以上のスピードで進んでいるのを見ると、そこまで地球が持ちこたえられるかどうか、と不安になる。

いずれにしろ、その日、その時がそう遠くないことは間違いない。肝心なことは、その時がいつかではなく、その時までどう生きるかである。お互いに後悔のない生き方をしたいものである。

第5の扉　5次元からの使者

ascension & earth change ㉖

宇宙からの転生

近年の霊界通信には、幽界や霊界において、地球上では見慣れない生命体をよく見かけるという報告が寄せられている。実は、彼らは地球に人間として生まれるために霊的世界にやってきた地球外生命体で、そこで、地球という星で生きるための基本を学びながら、転生の時期を待っているワンダラーなのだ。すでに地球上に1億近い数のワンダラーがいるといわれている。

ジュセリーノや北米インディアンの予言を読んで、ややもすると暗い気持ちに陥っているかもしれない読者に、希望が湧く朗報を伝えることにしよう。実は、1人でも多くの人類がアースチェンジを乗り越えて、新生地球「第5世界」へスムーズに移行できるように、エイリアンや霊的世界の高位の存在たちはさまざまな形で支援をしてくれているのだ。その1つが、宇宙から地球へ送り込まれた「ワンダラー」と「ウォークイン」と呼ばれる人たちの存在である。

古くから、宇宙人たちの多くが地球と人類を観察し、さまざまな形で支援してきていることは紛《まぎ》れもない事実で、先述した天秤座の赤い星から来たエイリアンもその一種である。だが、彼らのようにUFOでやってきた人たちには、踏み込めない領域がある。外からの直接的な関与は神の意志（宇宙の法則）に反するからだ。

創造主がすべての生命体に与えた最高の贈り物の1つが自由意志である。それゆえ1人1人の人類がいかなる未来を選択しようが、その結果が宇宙全体に重大な悪影響を及ぼすことがない限り、自由意志は尊重されることになっている。彼らがあくまでも間接的な支援に留まっているのはそのためである。

ところが、ワンダラーやウォークインたちは直接人類に働きかけることができる立場にいる。そこに宇宙人との大きな違いがあるのだ。

彼らはなぜ直接的に支援ができるのか？　それは、彼らが地球人として転生してきているからである。ワンダラーは地球圏内の霊的世界を経由して、地球人として生まれてきており、その数は大変な数にのぼっているようである。広い意味では、先に述べた川面翁《かわづらおう》やハイエット卿も、ワンダラーの一員ということができる。

近年の霊界通信には、幽界や霊界において、地球上では見慣れない生命体をよく見かけるという報告が寄せられており、それは、私にとって長い間の謎だった。しかし、最近になってようやくその謎を解くことができた。実は、彼らは地球に人間として生まれるために霊的世界にやってきた地球外生命体で、地球という星で生きるための基本を学びながら、そこで転生の時期を待っているワンダラーなのだ。

地球上には、すでに1億近い数のワンダラーがいるといわれている。

盲目の予言者ブライトアイズも、「すべての人類に来る暗黒の日に、特別な知識、特別な希望、特別な慰めと、光をもたらすために、多くの魂（ワンダラー）が今この世界にやってきている」と、サマーレインに語っている。

しかし、自分の出自と目的を認識しているワンダラーが数少ないことも、また事実である。というのは、人類として地球に生まれてくる以上、地球と霊的世界との間に存在する転生のルール、つまり、過去世の記憶を消して転生するという決まりに従わざるをえないからだ。

最近の若者の中には、自分のいる環境がどうしてもしっくりこなかったり、自分のいる世界に違和感を覚える人が増えていると聞く。それは決して彼らが風変わりな人間であったり、心にトラブルを抱えているからではなく、実はその多くがワンダラーで、単に、自分が異境の地にいることをあえて選択したという事実を思い出せずにいるだけなのだ。

地球への転生を選んだ者たちは、時には、内なる無限の自己からもたらされる真実の声を聞くこともあるが、それらを空想や幻想として意識から払いのけてしまっている場合が多い。そうするほうが、真実の声に耳を傾けて行動するより楽だからである。

自分が遠い星から人類の進化を助けるためにやってきた存在であるなどと考えるより、周囲の人々となんら変わらない普通の人間であると思い込んでいたほうが、世渡りしやすいと考えるのは、当然のことである。

しかし、一方で、彼らは自分自身が思い込もうとしている「自分という存在」が本当の自分でないことを心の片隅で感じているために、心の安定感や満足感が得られないまま日々の生活を過ごしているのである。

そんな彼らに、自分が何者なのか、また、なにゆえこの地上に存在しているのかを思い出させるために、彼らの魂と同じ故郷の星から地球周辺に来ている仲間たちは、夢や直感を通じて彼らの潜在意識に働きかけたり、時には彼らの目の前に宇宙船を出現させるなどして、覚醒をうながしているのである。

一方、ウォークインと呼ばれる人々は、すでに地上で肉体を持っている人間の魂と入れ替わることによって、転生を果たしている人々のことである。

魂の入れ替わりには、どのような方法を用いるのか？　ある人間が、突然の病や不慮の事故によって致命的な状態に至った時、それまで肉体を占有していた本体（魂）はそれを機に肉体を離れる。その魂に入れ替わって、他の天体で3次元への転生の準備を終え、その時を待っていた存在が飛来して宿ることになるのだ。

実体を知らない者の目から見たら、その現象は奇跡的な回復とか、信じがたい蘇生劇として映ることになる。肉体に宿る魂が入れ替われば、人格が変容しても不思議ではない。蘇生後にものの考え方や行動が一変し、家族や周囲を驚かすケースが多いのは、それゆえである。

しかし、この不思議な現象も、病気や事故による後遺症的なものに違いないと考えて、周囲はしだいにその変化を受け入れていく。

ワンダラーが塩漬けしたリンゴだとすれば、彼らウォークインは木になった生のままのリンゴということになる。塩漬けのリンゴは前もって用意されていて便利だが、取り出す時期を逸してしまうと腐ってしまう恐れがある。しかし、木になるリンゴは必要な時にもぎ取り、新鮮なまま口にすることができる。

ウォークインは地球の進化の状況を観察し、ここぞという時に自分の住む惑星から直接転生を果たせるため、タイミングを逸する危険が少ない。それに、宇宙における記憶を持ったまま地上に顕現《けんげん》できるので、自分の背負った任務を忘れずに果たすことができるという強みがある。

ただ、ウォークインたちが地上で「肉体」を得るためには、仲間の魂との二人三脚が求められる。というのは、先に誕生した魂と、どこかのタイミングで入れ替わる必要があるからだ。二人三脚の両者、すなわち地上で生活している人間と宇宙で待機している人間は魂レベルで連絡を取り合いながら、転生に適したタイミングを計って入れ替わり劇を仕掛けることになる。

ウォークイン現象は、魂が入れ替わるということから憑依《ひょうい》現象と見間違えやすいが、両者の魂が前世で入れ替わりの約束をしてきているという点が、憑依現象とは大きく異なる。

そうしたウォークインたちは、目覚めたワンダラーたちと一緒になって、1人でも多くの人間が多次元世界へ旅立てるように、世界の各地のあらゆる環境下でさまざまな手段を用いて、支援活動を始めているのである。

ascension & earth change ㉗

ワンダラーとウォークイン

ワンダラーとは、地球に転生してきた他惑星の人間なのだが、その自覚を失っている人々のこと。

ウォークインとは、他惑星の人間が、ある明確な目的を持って、地球上の人間と入れ替わるようにしてやってきた魂のこと。

地球上には、今この２つの転生がたくさんいるという……

▼エリザベス・キューブラー・ロス博士

私が医学の分野で最も尊敬している人物に、今は亡きエリザベス・キューブラー・ロス博士がいる。博士は臨床医学の分野で世界の第一人者であると同時に、「死後生」の存続を強く主張し続けた精神科医として、精神世界に携わる人々の中で知らぬ者のいないほどの人物である。

「死」と呼ばれる現象について、「サナギがマユから抜け出てチョウに変身するのと同じで、住む世界と身にまとう着衣が変化するに過ぎない」と、博士は断言する。十数年前に博士の著書を拝読した際、この一節に心が震えたことを今でもはっきりと覚えている。

絶望的な状態に陥った末期患者を精神的に支えるには、物理的療法だけでなく精神的な医療が必要であること。患者に死を無用に恐れさせないための最も効果的な手段は、終末期患者と接する医者や看護師たちが死後生の存続を患者に語りかけてやること。これらの博士の固い信念は、数年前に亡くなられるまで、まったく変わることがなかった。

博士のそうした強い信念と熱い思いは、物理的療法が全盛だったアメリカの医学界に変革をもたらし、死にゆく人の心のケアを重視した終末期医療を確立したのである。その功績の偉大さは、アメリカの有名なフォト・ジャーナリズム雑誌『ライフ』が「20世紀の世界の偉大な変革者100人」に選出したことを見てもわかるだろう。

この臨床医学をホスピスケアとして日本で最初に取り入れたのが、東京の小金井市にある桜町病院である。癌を患《わずら》った私の妻が無用な治療を施されず、死の直前まで我が家で家族と共に安らかに過ごせたのは、桜町病院のホスピス科医長だった山崎章郎先生のおかげだった。

ロス博士の著書には、随所に臨死体験や肉体離脱体験、霊視体験などの超常的な体験が登場する。

立花隆氏は十数年前に博士にインタビューし、たくさんの彼女の不思議な体験談を『臨死体験』（文藝春秋）に書いているが、その中に彼女とワンダラーを結びつける大変興味深い記事があるので、紹介しよう。

——ロスさん自身は、臨死体験以外に、体外離脱をしたという経験はありませんか？

「あります。何度もあります。好きなときに好きなように離脱できるわけではありませんが、15年ほど前に、宇宙意識セミナーに出て、人間は誰でも体外離脱能力を持っており、訓練によってその能力を引き出すことができるということを学び、それができるようになったのです。そういうことができる人が、何千人、何万人といるのです」

——体外離脱してどこに行くのですか？

「いろんな所に行きます。その辺の屋根の上に留まっていることもあれば、別の銀河まで行ってしまうこともあります。ついこの間は、プレアデス星団《すばる》まで行ってきました。そこの人たちは、地球よりずっと優れた文明を持っていて、『地球人は地球を破壊し過ぎた。もう元に戻らないだろう。地球が再びきれいになる前に、何百万人もの人間が死ぬ必要がある』と言っていました」

ロス博士のこうした体験談から判断すると、彼女が霊的に高いレベルに達していただけでなく、宇宙の星に魂の故郷を持つ一種のワンダラー的存在だといえそうだ。博士の母星は、プレアデス星団の中にあるに違いない。だからこそ、肉体離脱を体験しても、地球圏内を離れない人が多い中、彼女はプレアデスまで赴き、そこで、優れた文明を眺め、地球の未来を教えられたのではないだろうか。

ところで、博士は、4次元に住むヒューマノイド（人間型宇宙人）がまとう肉体と死後世界に住む霊的存在のそれとが、非常に似通ったエネルギー体であることをうかがわせる、大変興味深い体験もしている。

ロス博士の患者だったシュワルツ夫人が霊となって勤務中の博士の前に現れたのは、

彼女が亡くなってから10カ月ほど後のことだった。霊は、入院中している間、博士に大変よくしてもらったことに対するお礼と、博士がやっている「死ぬ瞬間」のセミナーの仕事をやめないように伝えるために現れたのだという。

医学の分野に籍を置く人間が、亡くなった患者の幽霊を、自分の研究室に案内して対話をするなどということは、およそ考えられない行為である。また、そんな奇妙な体験を、博士は自著の中で発表しているのだから、なおさら驚かされる。しかし、博士の人柄や社会的地位を考えれば、彼女が妄想を語ったり、嘘をつくなどということは考えにくい。

興味深いのは、その体験談の中で、博士は、シュワルツ夫人の姿は半透明体だったと述べている点である。しかも、2人で博士の研究室に入る際にドアを開けたのはシュワルツ夫人（霊体）で、その後、夫人はロス博士の依頼で、博士が渡した紙と鉛筆を使って、ゲインズ牧師に手紙まで書いているのである（その手紙を博士は宝物のように大事にしていたが、その後、博士の自宅が火災にあった際に焼失してしまったそうだ)。

幽霊がドアを開けたり、手紙を書いたりするなど、信じられないかもしれない。そこで、思い出してほしいのは、ロシアのペルミ州に現れたエイリアンと調査団との遭遇事件である。

その時のエイリアンも半透明体で団員の前に現れているが、ムホルトフ記者は、彼らが歩いた地面に足跡が残っていたことや、握手をした時手のひらに彼らの体温を感じたことを伝えている。

シュワルツ夫人の霊がエイリアンと同様に、アストラル体の波動を下げて3・5次元的存在としてロス博士の前に現れたとしたら、博士が伝えるような出来事が起きたとしてもなんら不思議ではない。

おそらく、4次元世界のヒューマノイドと霊的存在は、同じようなエネルギー体(アストラル体)なのだろう。

▼ジョージ・アダムスキー、ハワード・メンジャー

宇宙人とのコンタクト体験を持つ人や、アブダクション（宇宙人による誘拐）を経験している人の中にも、ワンダラーやウォークインがいる。コンタクティの代表格たるジョージ・アダムスキーとハワード・メンジャーも、ウォークインだったようだ。

私が「空飛ぶ円盤」と呼ばれたUFOに関心を持ったのは、高校生の頃だった。そのきっかけとなったのが、アダムスキーの著書『空飛ぶ円盤実見記』と『空飛ぶ円盤同乗記』で、母から買ってもらったこの本を夢中になって読みふけったことが、つい昨日のことのように思い出される。

彼が撮影した、底に3つの着陸用ギアをつけた釣鐘《ベル》型の空飛ぶ円盤は、生涯私の脳裏から消えることはないだろう。ある意味では、この2冊は私の人生を決めた本でもあった（両著の合本がユニバース出版から『宇宙からの訪問者』として刊行されたが、すでに絶版となってしまったようだ）。

飛来したアダムスキー型円盤（連続写真）［出典：『天使的宇宙人とのコンタクト』ハワード＆コニー・メンジャー著　益子祐司訳］

ジョージ・アダムスキーといっても、40代以下の人には馴染《なじ》みがないかもしれないが、世界のUFO研究の世界で彼ほど議論の的になった人物はいないし、また彼の著書ほど衝撃的なドキュメントもない。絶賛と罵倒《ばとう》、賛否両論の渦巻く中で、彼はただまっしぐらに自分の道を歩み、体験の真実性を主張し続けて波瀾万丈《はらんばんじょう》の人生を終えている。

彼の死後、宇宙開発が急速に進展したが、彼の体験記に対する見方は二分されたまま今日に至っている。だが、当時誰も想像すらできなかった暗闇の宇宙空間で「宇宙ボタル」が舞う現象は、その後の月探査に向かった宇宙飛行士たちによって実際に目撃されている。また、彼が母船に搭乗させてもらった際に目撃したという宇宙人の月面基地が実存していることも、今日ではその道の研究者の間では、公然の秘密として知られている。こうしたことから、彼の語るコンタクト体験は嘘ではないと判断して間違いないだろう。

ただ一方で、彼がコンタクトしたと主張する金星人や土星人の存在をうかがわせる証拠が、米国やロシアによる惑星探査によって発見されたという報告はなく、それが彼の体験を否定する最大の根拠となっていることも事実である。

しかし、アダムスキーのいう「金星人」が「金星の4次元的世界に住む宇宙人」だとすれば、そのこと自体、彼の体験を否定する根拠にはならない。なぜなら、最新鋭の宇宙探査機であっても4次元世界の姿を確認することは、不可能だからである。いずれにしろ、この問題はそう遠くない将来に明らかになるだろう。

ところで、側近のエマ・マーティネリとキャロル・ハニーは、アダムスキーは赤ん坊の頃に宇宙船で金星から連れてこられたと証言している。さらに驚かされるのは、アダムスキーは8歳の頃に親元を離れ、留学生としてチベットで数年間を過ごしていることである。

なぜそのような幼い子供を1人で遠い東洋の地へ送ったのか長い間謎だったが、両親が彼の素性を知っていたとすれば、地球環境に慣れるまで、チベットの高僧の許に預けた可能性は高い。現に、1人の宇宙人の男性がチベットまで付き添ったという話も残されている。

こうしてみると、アダムスキーの場合、一般的なウォークインの転生の仕方とはやや異なるものの、3次元の地球環境に順応するために幼少から地球にやってきて、地球人として成長したという点では、明らかにウォークインである。

ハワード・メンジャーもまた、ウォークインの1人である。彼は最初に出した本の中で、現在の妻コニーと再婚するまでのいきさつを書いているが、彼は、コニーとの出会いによって、自分が前世で別の惑星にいた記憶を蘇らせたという。メンジャーはその惑星で前世のコニーと出会い、一目で恋に落ちたが、自分が地球でなすべき使命があることを自覚していたため、コニーと再会を誓って地球へ転生したというのだ。

メンジャーの場合はアダムスキーと違って、ウォークインとしての典型的な転生のパターンをとっている。当時1歳で息を引き取ろうとしていたハワード・メンジャーという名の少年の魂の同意を得てその身体に宿り、奇跡的に蘇生して、現在に至っているのである。

それを裏付けるように、メンジャーの最も早い宇宙人とのコンタクトの記憶は10歳の頃にさかのぼり、その記憶は年老いた今でも鮮明で、決して色あせることなく、心に焼きつけられているという。

メンジャーは、ワンダラーやウォークインについて、次のように語っている。

他の惑星から非常に多くの人々が地球に来て、私たちに紛れて暮らしています。宇宙船に乗って直接来る者もいれば、生まれ変わりを通して来る者もいます。それはあなた方の隣人かもしれないし、スーパーやレストランであなた方に接客する人かもしれません。彼らは私たちが生命や生きる意味についての理解を深め、自らを成長させていくのを手助けするために、愛と慈悲の心を持って地球にやって来ているのです。

ascension & earth change ㉘

金星人・クリスティーナ

『私はアセンションした惑星から来た』という本を著したクリスティーナという女性は、金星に生まれたが、7歳の時、カルマのより良き解消のため、地球人の女の子と魂を入れ替わったという。金星は、アセンションした世界であり、かつ地球と同じような3次元世界の都市もまた同時に存在していたという……

ワンダラーにしろウォークインにしろ、いずれも4次元世界の人間が地球に来て3次元的肉体を持って活躍しているわけだが、『天使的宇宙人とのコンタクト』には、アダムスキーの転生を彷彿させる大変興味深い「変形ウォークイン」の事例が紹介されている。

それは、魂として母星を離れて人類に転生するのではなく、4次元的肉体（アストラル体）の波動を下げて3次元的肉体に変身した後、宇宙船に乗って地球にやってきて、地球人として登場する方法である。

たとえば、幼い子供の頃に金星から宇宙船で地球にやってきたというアメリカ女性、クリスティーナは、ロシアのマリナ・ポポビッチ博士に、そのプロセスを次のように詳しく語っている。彼女の証言は衝撃的で、4次元世界と3次元世界との相違点や、彼らがなぜ地球にやってきているのかを理解するための重要なヒントになる。

ポポビッチ博士はロシア軍初の女性テストパイロットとして航空記録を樹立した有名な人物であるが、1989年にロシアの火星探査機フォボス2号が火星の衛星付近で謎の消滅をした直前の映像に、巨大な葉巻型母船のような物体が写っていたことを取り上げ、アダムスキーが撮影した母船と酷似している点を指摘した有名なＵＦＯ研究家でもある。

地球に来たのは１９５０年代の初めの頃です。地球に来る前、私は金星での精神的な指導者と私を育ててくれた人たちから、ある提案をされました。それは地球へ行って子供として育てられ、成長していく過程を通して、地球の人と同じ立場で、彼らの意識の状態、先入観や偏見、複雑に入り組んだ状況やさまざまな宗教についての理解を深めてみないかという試みでした。同時に、太古の昔から地球と関わり合ってきた金星人、つまり一部の地球人の祖先でもある私たちの種族についての情報をもたらしながら、人々を啓発するという役割を担うものでした。

私は地球に行く決意をし、レッツという町に行きました。そこは、金星で唯一、3次元とアストラル界（4次元）が同時に存在する場所なのです。私は自分のア

1970年代初頭のクリスティーナ（金星での名前はオムネク・オネク）［出典：『私はアセンションした惑星から来た』オムネク・オネク著　益子祐司訳　仮題／徳間書店近刊予定］

ストラル体のバイブレーション（波動）を落とし（低くし）、3次元の肉体を顕現させ、金星の家族に別れを告げました。そしてスカウトシップ（偵察用円盤）と私たちが呼ぶ小型宇宙船に乗り込み、金星の表面を飛び立ちました。レッツの町は天空をドームに覆われています。ドームの周囲はガスや炎で覆われていますので、離れた場所から町の様子を見ることはできません。

小型宇宙船は上空で待機する巨大な葉巻型の母船内へと入っていきました。宇宙船は磁気の波動を帯びていて、時間旅行をするので、肉眼では見えなくなります。地球へはおよそ24時間で到着します。私が再び小型の宇宙船に搭乗する際に、乗組員から、私は最初はチベットのモンテソーリ山へ行き、そこで僧侶たちと暮らしながら、地球社会で暮らすための準備をすることになると告げられました。チベットの僧たちはとても精神的に覚醒していましたので、彼らとの暮らしには不都合はあまりありませんでした。

やがて私は、地球の社会に入り込んで暮らすために、米国テネシー州のある一般家庭の養女になりました。ちょうどその家庭の7歳の女の子が交通事故で亡くなってしまったからです。私はその後成長してシカゴに移り、さまざまな職業に就きながら、結婚して3人の子供を育てました。そして金星の指導者たちのアドバイスにより、自分の素性を公にし、人々に平和と人類愛のメッセージを伝える活動を始め、今日に至っています。

クリスティーナの母星が金星であるという点、次元を下げて3次元的肉体に変身して、地球にやってきている点、また、チベットで幼少時代を過ごした点や夭折《ようせつ》した子供と入れ替わっている点などは、アダムスキーの転生と瓜二つである。

ただ、クリスティーナが太陽系内の金星から来たことに、驚きと同時に疑問を持つ人も少なくないはずだ。

火星は乾燥していて水がなく、金星はアンモニアガスに覆われた灼熱《しゃくねつ》の惑星。NASA（アメリカ航空宇宙局）などから流されるこのような情報によって、私たちは太陽系には人の住める星は存在しないのだと思い込まされている。

だから金星人や火星人の話をした途端、嘲笑《ちょうしょう》を買うのは致し方ないことである。

しかし、クリスティーナ自身が語るように、金星人が4次元的存在ということになると、話は別である。人間にしろ、建造物にしろ、動植物にしろ、4次元的存在はすべて、3次元の粗い波動でできた私たちの目や、宇宙探索機に搭載した観測器具で確認することは不可能なのだ。

それゆえ、私たちが他の惑星の映像を見て、ここには人は住めない、あそこも人は住めないと言っているのは、あくまでその惑星の3次元世界を眺めた上での判断であることを、再認識する必要がある。

そもそも、「自分は金星人だ」というクリスティーナの言葉をそのまま受けとっていいのかという問題がある。というのは、金星は彼女たちの母星ではなく、地球を観察し、やがて迎えることになる人類のアセンションを支援するために造られた前線基地の1つではないかと考えられるからである。

地球に最も身近な天体である月では、古くから多くのエイリアンたちがその地上や地下で観測基地を築いたり、資源掘削をしていることが知られている。彼らは3次元的肉体を持った存在と考えられるが、金星では4次元的存在が別の形で中継基地を持っているのかもしれない。

私がその発想に至ったのは、クリスティーナが「自分たちは一部の地球人類の祖先である」と語っているからだ。

「琴座系のグループは、何世代にもわたって霊長類と宇宙人（プレアデス人）との遺伝子の交配を進めた末に、地球人種の原型（プロトタイプ）を誕生させることに成功したと述べたが、このチャネリング情報が大筋として間違っていなければ、人類とDNAでいちばん深いつながりがあるのはプレアデス人ということになる。となると、金星に基地を持って住んでいるクリスティーナの仲間たちは、プレアデス系のヒューマノイドである可能性が高い。

金星の次元について、彼女は大変興味深いことを述べている。

金星には3次元と4次元が共存しており、その接点となっている場所がレッツという4次元世界の町だという点。1つの惑星に3次元と4次元の2つの異なる次元世界が共存できるなら、今アセンションに向かって進んでいる地球も、3次元世界を残したままで、別の異空間に4次元世界が出現することもありえるのではないか。だとすれば、次元上昇を果たした人類は、レッツのような両世界の接点を経由して、随時、アストラル界へ移行することになるのかもしれない。

クリスティーナの発言には、もう1つ興味深い点がある。彼女は、自分のアストラル体としての肉体のバイブレーション（波動）を下げることによって3次元の肉体を顕現しているが、高波動のアストラル体に慣れた4次元的存在が、粗い波動の肉体をまとって3次元の世界に現れた時に遭遇するさまざまな問題点を、次のように述べているのだ。

私はまだ3次元世界に慣れない段階では、3次元の肉体の扱いにとても大変な思いをしました。まるで重たい鎧《よろい》を身につけているように感じたのです。音声を使って声を出すことも苦労しました。また、私は歩行のバランスがうまく取れず、よく転んで擦り傷をこしらえたものです。肉体の感じる苦痛というものには私はなかなか慣れることができませんでした。また、アストラル体では私は全方向の視界を持っていたのに、ここでは視野が限定されてしまうことも不自由さを感じました。

それから、3次元の世界では、何か物質的なものを手にするには、肉体的な努力をしなければいけないことにも気づきませんでした。食べ物や本など、何でもです。アストラル界では、ただ必要なものを心に描くだけで、それらを物質化することができたのです。最初は何もかも大変辛かったのです。

クリスティーナとは逆に、私たちがアセンションを果たして4次元世界に移行した時には、彼女が感じたつらく不自由な感覚は、心地よく自由自在な感覚に反転することなる。それを考えると、厳しいアースチェンジを乗り切る力が湧いてくる。
私たちは4次元世界を考える時、とかく透明人間や形のない虚《うつ》ろな世界を考えがちである。特に、クリスティーナの「必要なものを心に描くだけで、物質化することができる」という話を聞くと、なおさらそう思えてしまう。しかし、それは勘違いのようだ。彼女の次の発言は、人類のアセンション後の世界を想像する上で大きなヒントとなる。

私たち金星人は確かに3次元の物理的存在ではありません。しかし、それを越えた次元に存在しているだけの違いです。金星人の女性も同じように子供を産みます。私は自分が母親の子宮にいたことも、生まれたときのことも覚えています。アストラル次元にいても、3次元の肉体にいるのと同様に、すべては現実的なものとして感じられるのです。アストラル界でテーブルなどに触れても、とても固い物体として感じられます。しかし、3次元の肉体を持つ人がアストラル次元のものに触れようとしても、まるで指の中をすり抜けていくように感じるだけでしょう。私たちの身体はそれぞれの惑星に応じたバイブレーション（波動）でできているのです。

アセンションを果たした人類は、４次元的存在といっても形を持たない存在というより、波動こそ違え、肉体を持った存在として、形のある世界を実感しながら生活することになるようだ。

このクリスティーナの書いた本『私はアセンションした惑星から来た』（仮題）も近々徳間書店から発刊の予定とのことである。

ascension & earth change ㉙

宇宙船による空中携挙

渡辺大起氏は、『宇宙船天空に満つる日』を著し、アセンションという宇宙ドラマのクライマックスを劇的に、適確に、描写している。1人でも多くの人が意識の覚醒を果たし、空中携挙によって救われてほしい——そのメッセージに決して嘘いつわりはない。これは、筆者である私の思いとまったく同じなのであった……

最後に、宇宙人が直接、宇宙船で地球を訪れ、アセンションに向かう人々を支援するという大変劇的なシナリオについて述べることにする。

先に、新世界への移行について、次の3つのケースが考えられることを述べた。

①地上で生活している間に移行する

②いったん仮死状態になった後、4次元的肉体を得て移行する

③完全な死を体験し霊的世界へ帰還してから、改めて4次元世界の人間として赤子の状態で再生する

実は、この他にもう1つのケースがあると主張する人がいる。UFO研究家で、今は故人となってしまった渡辺大起氏である。渡辺氏は、宇宙人による「空中携挙《くうちゅうけいきょ》」によって宇宙船に引き上げられた後、宇宙母船や他の遊星で次元上昇を果たし、アセンション後の新生地球へ帰還するというケースを説いている。

聖書では、「時の終わり」にイエスが再臨し、善なる者と悪人とをふるい分けた後で、善人を天に引き上げるとあるが、この「天に引き上げる」行為が空中携挙である。渡辺氏は、それを行うのはイエスではなく、宇宙からやってきた異星人たちだと考えているのだ。

ＵＦＯ問題に関心がある方ならご存じだと思うが、渡辺氏はＵＦＯの研究に古くから携わり、今から50年ほど前に発足した、我が国で最も古いＵＦＯ問題の研究会・「宇宙友好協会」（Cosmic Brotherhood Association）の主要メンバーだった。実は、私もまだ高校生の頃にこの研究会に、最年少メンバーとして入会していたことがあり、渡辺氏とは一緒に活動させていただいた間柄である。

通称ＣＢＡと呼ばれていたこの研究会は、世界中のＵＦＯ（当時は空飛ぶ円盤と呼んでいた）の目撃例や研究内容を紹介する機関誌を発行する傍《かたわ》ら、講演会や宇宙人とのテレパシー交信会などを企画する、当時としては大変先鋭的な研究団体だった。

テレパシー（想念）で呼びかければ、地球周辺に飛来している空飛ぶ円盤と交信できるということを教えられた私は、冬休みで帰省の折に、庭先で夜空に向かって一生懸命呼びかけたものである。今考えれば、我ながら純真な青年だった。

「ベントラ、ベントラ、地球周辺を航行中の宇宙船の皆さん、私のテレパシーを受信したら、上空を飛んでその姿を見せてください」

そう念じながら、真冬の夜空に向かってテレパシーを送り続けた。ちなみに、「ベントラ」とは宇宙語で宇宙船のことである。

1週間ほど続けたものの、その日もこれといった手応えがなく、諦めかけて家に入ろうとした時のことだった。深夜1時頃だったと思う。突然、ピンポン球ほどの発光体が夜空を横切ったのだ。私はあわてて元の場所に戻り、テレパシーを再発信した。

「もしも、今飛んだ光体が私の呼びかけに応えたものなら、もう一度飛んでみせて！できることなら、他の天体から来た飛行物体であることが確認できるように飛んでほしい。方向は東から西へ」

欲深青年に変身した私は、そんな想念を送り続けた。

7～8分経っただろうか。希望通り東の夜空から、先ほどの2倍ほどもある光体が、黄色から橙色に変化しながら現れた。驚きとうれしさで呆然としている私の前で、その光体はいったんストップして青みがかった色に変化した。そして、今度はジグザグの軌跡を描きながら西に移動し、再び一瞬ストップした後、スーっと西の空に消えていったのである。暗闇の八ヶ岳を背景にしたこの一大デモンストレーションは、生涯、私の脳裏から消えることはない。

驚いたことに、最初にストップした瞬間、私の心に「あなたの希望通りの飛び方をするから、よく見ていなさい」という意味のメッセージが飛び込んできた。私の呼びかけに対する返答がテレパシーで送られてきたのだ。

そして、その後で飛んでみせてくれたのが、あのジグザグ飛行だったというわけである。それは、地球製の飛行機や流れ星、風船などでは絶対にあり得ない飛び方で、宇宙船であることを確認できる最適な飛行方法であった。

私はそれ以来、宇宙には人類より知的レベルがはるかに高い生命体が存在し、地球に飛来していることを疑ったことは一度もない。この夜の出来事は、宇宙船と宇宙人の存在を確信するに十分な体験だった。と同時に、私の人生を決定づける運命的な体験でもあったのだ。

その後、私は大学に進み、数年してその会を離れてしまったが、渡辺氏はそれからも地道にＵＦＯや宇宙人の研究を続け、その研究成果を、『宇宙船天空に満つる日』（徳間書店）として著している。

これは、近年の目撃例や研究例を羅列《られつ》しただけの、よくあるＵＦＯ書とは一線を画した大変啓蒙的な本である。アセンションの時期が間近に迫った今、改めて読み直してみると、刊行当時（１９９３年）にも増して、その内容の重要性を痛感させられる。

どうやら、ご本人だけでなく仲間（ワンダラー的な人々）の何人かは、主に金星に住む４次元的存在と接触があったようで、金星の長老サナンダやアシュターから送られたといういくつかのメッセージには、地球の歴史や地球の浄化とアセンションのプロセス、また、新しい世界に向けての人類の心構えなどが述べられていて大変興味深い。

以下は、宇宙人が伝える、悲しみの星「サラス地球」とそこに住む人類のカルマの歴史である。

惑星地球はそのバイブレーション（波動）が非常に粗雑な段階にあり、その上に住む意識的生命体としての人類の進化は、しばしば心の面での発達と物質面での発達に極端なアンバランスを招き、蓄積された歪み《ゆが》（カルマ）が一度に吹き出して、それまでに築き上げられてきた文明を、一挙に滅ぼし尽くしてしまった。

この大変動を地球と人類は実に6回も繰り返してきた。宇宙人の間では、地球は「サラス」と呼ばれているが、これは「悲しみの遊星」という意味であり、また、「大変動を繰り返す星」という意味でもある。

そしてこの大変動、すなわち、精神的発達と物質的発達のアンバランスから来る歪みの噴出は、地球という星の中だけに留まらず、太陽系全体のバランスにも深刻な影響を与えるものである。太陽系の諸惑星の宇宙人たちが、地球と人類の進化に深い関心を寄せているのはそれゆえである。

この一文にも、人類が精神面と物質面の進化のバランスをほどよく保てなかったために、長期にわたって大変動を繰り返してきたことが記されている。ホピ族やマヤ・インカ人たちは人類が3～4回の変動を経験してきたことを伝えているが、この宇宙人によると、実際には、それよりさらに多くの大変動を経験してきたようである。

また、今地球が遭遇しつつある、地球の浄化とアセンションのプロセスについて、宇宙人はその概要を次のように述べている。

現在、役割を終えた古い地球（サラス）は崩壊し、消滅していくプロセスの最終段階にある。その過程に起きるのが大浄化で、それらは火山の爆発や地震、ハリケーンといった自然現象、人と人、国と国との争いや環境破壊といった人為的現象の姿を取って現れる。

その時、地球と人類の持つ過去の一切のカルマが噴出する。この浄化により、地球人類はサラスでの最後の学びを終え、悪の力（サタン・ルシファー）の真の意味を知り、また、創造神の心を知る。人類はこの学びを魂に刻み込み、新しい地球（アルス）へと移行する準備を整える。

大変動を通過することによって、今までの古い文明はすべて崩壊し、消滅する。地球自体とその上に乗る人類、動植物、いっさいのもののバイブレーションは飛躍的に上昇し、新しい周期へと入る。

生まれ変わった地球・アルスに移行した人類は、宇宙の孤児から脱却し、自由に他の惑星と交流することが出来るようになる。そして、これまで奥に秘められていた神性が輝き始め、新たな人類の歴史が始まる。

ここには、私がこれまで述べてきたことを、改めて確認する内容が述べられている。

古い文明がすべて崩壊し、消滅するというのだから、やはり、地球の浄化の最終段階で起きるのが、「地軸の大転換」であることは間違いなさそうだ。

この地軸の急激な変動が地球生命圏に与える影響は、それまでの大災害は取るに足らないと思えるほど甚大なものになる。これまでは、いくら地震が起きようが、火山が爆発しようが、逃げられる地があった。しかし、地軸の変動が起こった地球上には、逃げられる地はどこにもないのである。

さて、ここからが、渡辺氏が伝えようとしていた宇宙ドラマのクライマックスだ。宇宙船の大挙飛来と人類救出劇のシナリオをご紹介しよう。

あなた方の天空に、他の遊星から来た、あなた方の兄弟である宇宙人の宇宙船が満つるのは、「その時」です。我々は、神の御心《みこころ》を知る人を救いに行きます。その人たちは、新しい地球、新しい時代の建設に従事する人々です。その人たちを宇宙船に乗せるために行くのです。

「その時」は、そんなに遠くではありません。その時が来れば、愛と真《まこと》に目覚めたあなた方や神の御心《みこころ》を知る人々は、他の宇宙の安全な場所へ連れて行かれるでしょう。

たぶん、ある他の遊星か、大きな母船です。そこから、あなた方は、あなた方の遊星・地球の最後、すなわち「世の終わり」の姿を見ることが出来るでしょう。

これは、テレパシーで、金星人アシュターがあるワンダラーに伝えてきたメッセージである。それによると、「その時」には、宇宙船や空飛ぶ円盤が大挙して飛来し、乗船を求める人々を空中携挙して宇宙船へ引き上げ、他の遊星へ連れていくことになるのだという。また、このメッセージを受信したのが1980年頃であることを考えると、「その時」、つまり地軸傾斜の大変動の発生は、50年も100年も先のことではなさそうである。

問題は、避難先となる遊星が4次元世界だと思われる点である。もしも、そこが3

次元を超越した世界であるなら、物質的肉体をまとった人々がそのまま遊星に連れていかれることは考えにくい。となると、空中携挙された人々は、大型母船の中で肉体の波動（次元）を上げる処置が施されることになるのだろう。

実は、私の知り合いの女性が、巨大な宇宙船の中で大変な数の人間が、昏睡《こんすい》状態に陥っている様子を幻視している。彼らは一様に、催眠術にでもかけられたように穏やかな顔をして、ゆったりと椅子に座っていたという。

これらの人々は、空中携挙され、他の遊星へと移動する最中なのだろう。そして、こうした状況から目覚めた時には、アセンションが完了していて、4次元世界に順応できる肉体に変身しているのではないだろうか。

乗船が許される人間は、精神面がアセンション可能なレベルに達した人間だけ。私はそう考えている。渡辺氏もその点について、「愛と真《まこと》に目覚めた人や、神の御心《みこころ》を知る人々」と述べている。ここが大事なところで、誰でもが救われるわけではないのである。

最近、ある女性が、間もなくやってくる宇宙船によって、70億すべての人間が救われるなどというとんでもない内容の本を著しているが、一見同じ類の本に見えても、肝心な点が正反対に書かれている本があるから注意が必要である。

ところで、宇宙船はどのようにして現れ、どのような行動をとるのだろうか？

天空を覆うほどの宇宙船は、地球上のすべての地に、ほとんど同時に現れるのだという。したがって、出現が昼になる地域もあれば、夜になる地域もある。

その時、地球上の電気系統、通信網、交通網など、今まで人類が営々と築き上げてきた科学文明は、すべて一瞬にしてその機能を停止することになるようだ。しかし、その時間は短く、影響は最小限に食い止められるように手配されているという。

人々の目が上空に向けられているその間に、宇宙船から次のようなメッセージが伝えられる。メッセージを読み上げるのは、その国に住むワンダラーなので、話の内容は誰もが理解できるようになっているという。

★上空の宇宙船は、他の遊星からやってきた。
★日本だけでなく、全世界のすべての国々の上空に来ている。
★宇宙船は、私たち地球人類を攻撃するためではなく、これから始まる進化のための大変動から救うことが目的である。
★地球の地軸が数日後に急激に傾く。その際には、地震、津波などの大変動が起きる。

このようなメッセージが伝えられた後、乗船を望む人が向かうべき地の指示が出されるのだという。その直後に、すべての宇宙船は消えてしまい、文明の利器は復旧することになるようだ。

となると、その後、人々が大変な混乱に陥ることは目に見えている。宇宙船からの放送を信じて、直ちに指定された地点に向かって進み始めるか、それとも、あれは何かのイタズラか集団幻覚さと否定して、今までの生活に戻っていくか……。

各自の選択を規制するものは、一切ない。宇宙船は、「何日までに、どこどこの場所に行けば、災害から救われます」と伝えるだけで、それを信じて行動を起こす、起こさないは各自の自由なのだ。

肝心の宇宙船は跡形もなく消えている。混乱を沈静化させるために、各国政府は、「あれは自然の為《な》した幻影で、まったく心配することはありません。落ち着いて、いつも通りの生活を送ってください」といった呼びかけをするだろう。多くの人々は政府のメッセージを信じて、その場に留まるに違いない。形あるもの、目に見えるものだけを信じてきた人々のとる行動は、とかくそうしたものである。

一方、一瞬にして消えてしまったUFOとそのメッセージを確かなものと信じて、速《すみ》やかに行動に移る人々もいるはずだ。彼らは、宇宙船から放射される重力コントロール用の光の束の中に入ることによって、楽々と引き上げられ、宇宙船内の人となる。そして、新生地球の再建の役目を担うのだ。

そうした人々の仲間に入るには、日々の生活の中で、我欲から離れ、心の窓を開いて、宇宙や霊的世界に対する正しい知識を身につけておくことが重要である。

このことは繰り返し述べてきたが、空中携挙を経てアセンションに向かう場合も例外ではない。空中携挙は単なる命乞いのために用意された手段ではないので、地球再建にはほど遠いような人々が、物見遊山《ものみゆさん》の気持ちで、その場に駆けつけたとしても、宇宙船に引き上げられることはないのである。

ちなみに、マタイ伝には次のようにある。


その時、二人のものが畑にいると、一人は取り去られ、一人は取り残されるだろう。二人の女が臼をひいていると、一人は取り去られ、一人は残されるであろう。(マタイ伝24章)

私に向かって「主よ、主よ」という者が、みな天国に入るのではなく、ただ天にいますわが父の御旨を行う者だけが、入るのである。その日には、多くの者が、私に向かって「主よ、主よ、私はあなたの名によって予言したではありませんか。また、あなたの名によって悪霊を追い出し、あなたの名によって多くの力ある技を行ったではありませんか」というであろう。その時、彼等にはっきりこう言おう、「私はあなた方をまったく知らない。不法を働く者どもよ。行ってしまえ」（マタイ伝7章）

イエスもまた、空中携挙されるのは、天の目から見て乗船するに値する人間だけだと言っているのである。

乗船が許された人々は、母船の中や避難先の他の遊星で、4次元的生命体として、新しい時代を切り開いていくための教育を受け、地球が人間の暮らせる安定した状態に戻った時、再び宇宙船に乗せられ、帰還することになるのだろう。

その時には、人々は現在のような地球人ではなく、アセンションを果たした新人類へと変身している。地球が古いバイブレーションのサラスから、新しい波動のアルスへと生まれ変わりを果たしたように、人も、サラスの人から、はるかにバイブレーションの高いアルスの人へと生まれ変わっているのだ。

以上が、渡辺氏が伝えようとした空中携挙によるアセンションの概要である。

私はこうしたケースも、十分にありえるのではないかと考えている。それを裏付けるように、最近、渡辺氏の著書の題名通りの「宇宙船天空に満つる」場面を夢に見る人が増えている。それも、単なる夢というより、実際に目の前で起きている現象のように、非常にリアルなヴィジョンとして。

ここ数カ月の間に、その種の体験を伝えるメールが、私にだけでも数十通届いているのだから、日本全体では、かなりの数の人々がそうした体験をしているはずだ。そしてその数は、時の経過と共にますます増えていくのだろう。

「1人でも多くの人間が意識の覚醒を果たし、空中携挙によって救われてほしい」

渡辺氏は今、宇宙船の中からそう願っているに違いない。この渡辺氏の著書は、現在絶版で手に入らないが、一刻も早い復刊を希望するものである。

ラストメッセージ

ブライトアイズがサマーレインに告げたこと

アセンション後の新たな世界には、この世で我々が体験する苦しみや悲しみというものが存在しなくなっている。3次元世界において、それらのハードルを乗り越えた卒業生だけが、天国ともいえる4次元世界への切符を手にすることができる。この点、改めてしっかりと肝に銘じておいていただきたい。

ここまで読み進まれた読者は、アセンションがどのような現象で、これから先、人類がどのような事態に遭遇しようとしているのか、また、4次元世界への移行に必要な「意識のシフト」を成し遂げるにはどのような生き方をしたらよいのか、などについてその概要を知ることができたと思う。

アセンションの意味を十分に理解し、ニューエイジの到来に備えて心の準備が整っている人々には、これから起きる出来事は天国の到来を告げる吉兆と受け止められるはずである。

一方、心が閉ざされたままで、意識の覚醒が果たされずにいる人々は、迫り来るカタストロフィに対していたずらに恐怖を感じ、これまでの古い秩序を失う喪失感と大きな不安に襲われることになるに違いない。

肝心なことは、自分たちが、いつ、どのような事態に遭遇するかに一喜一憂するのではなく、アセンションに向かって心を開き、いかに自分自身の意識を高めていくかということである。

意識の覚醒を果たす一番の近道は、自分がどこから来て、どこへ行こうとしているのか、なぜ今ここに存在しているのかを知ることである。

ロシアの調査団が遭遇したエイリアンが語った「いずれあなたたち人類が、自分自身をよく知り、いったい何のために生きているのか？　を自覚できるようになったら、色々なことが分かってくるだろう」という言葉が、それを端的に示している。

自分自身が何者で、なにゆえ存在しているかが理解できなければ、どう生きたらよいか、わかるはずがないのだ。だからこそ、多くの人々が、富や名声といった物質的な欲望に対する貪欲さから脱却できぬまま、人生の終着駅を迎える状況が、今もなお続いているのである。

もう1つ大事なことは、さまざまな苦しみや悲しみからいたずらに逃避することなく、真正面からぶつかり、それを乗り切ることである。

この世であなたが遭遇する困苦は、3次元世界を卒業するための最後のハードルとして、転生してくる前に、あなた自身が霊的世界で用意してきたものである。

アセンション後の新たな世界には、この世で我々が体験する苦しみや悲しみというものが存在しなくなっていることは、すでに述べた通りである。

それゆえ、3次元世界において、それらのハードルを乗り越えた卒業生だけが、天国ともいえる4次元世界への切符を手にすることができるわけだ。改めてしっかりと肝に銘じておいていただきたい。

最後に、盲目の予言者ブライトアイズがサマーレインに告げたメッセージを紹介しよう。

サマーは大霊がどんな思いをしているか知る必要がある。大霊は民に真理を与えた。真理を見極められる賜物も。大霊は自由意志を与えた。長い長い縄も。与えても、与えても、まだ与えている。誰にでも多くの機会を与えている。大霊は与えることを決して止めない。大霊は正しい道を示す。大霊は多くの時間を与えている。だが、いつか止める。ある日、大霊は来て、最後の線を引く。信じる者と信じない者を選り分け、民の波動を揺らして、母なる大地を割る。信じる者は用意ができている。彼らは集団の中で安全だ。他の者は混乱する。彼らは用意できていない。不意をつかれて恥を知る。聞かなかったことを後悔するが、その時では遅い。制限時間が過ぎたのだ。すべて決着している。

タイムリミットを迎える前に、1人でも多くの読者が「意識の覚醒」を進め、霊性の目覚めが訪れんことを念じながら、この辺で筆を置くことにする。
最後に松永良平様のお力添えがなかったら、私の原稿がこのような形で世に出ることはなかったことを申し添えて、感謝の言葉に代えさせていただく。

2008年1月

浅川嘉富

■参考文献・引用文献一覧

『プリズム・オブ・リラ』リサ・ロイヤル／キース・プリースト共著／星名一美訳　ネオデルフィ
『［宇宙人］内なる訪問者』リサ・ロイヤル／キース・プリースト共著／星名一美訳　ネオデルフィ
『アセンションの道しるべ』リサ・ロイヤル著／星名一美訳　ネオデルフィ
『宇宙人遭遇への扉』リサ・ロイヤル／キース・プリースト共著／星名一美訳　ネオデルフィ
『テオドールから地球へ』ジーナ・レイク著／中村留美子訳　たま出版
『未来からの警告』マリオ・エンジオ著／韮澤潤一郎監修／山川栄一訳　たま出版
『大預言』林陽編著　中央アート出版
『ハトホルの書』トム・ケニオン／ヴァージニア・エッセン共著／紫上はとる訳　ナチュラルスピリット
『死後探索』シリーズ　ブルース・モーエン著／坂本政道監訳／塩崎麻彩子　ハート出版
『来るべき世界』ルース・モントゴメリー著／中村留美子訳　ナチュラルスピリット

『スピリチュアル・ヒーリング』ベティ・シャイン著／中村正明訳　日本教文社
『矢追純一のUFO大全』矢追純一著　リヨン社
『天使的宇宙人とのコンタクト』ハワード・メンジャー／コニー・メンジャー共著／益子祐司訳　徳間書店
『臨死体験』（上下）立花隆著　文藝春秋
『死後の真実』E．キューブラー・ロス著／伊藤ちぐさ訳　日本教文社
『宇宙からの訪問者』ジョージ・アダムスキー著／久保田八郎訳　ユニバース出版
『宇宙船天空に満つる日』渡辺大起／山本耕一共著　徳間書店
『知の起源』ロバート・テンプル著／並木伸一郎訳　角川春樹事務所
『日月神示』中矢伸一著　徳間書店
『聖書の暗号とホピ予言の超シンクロニシティ』刑部恵子著　徳間書店
『宇宙船天空に満つる日』渡辺大起著
『人間死んだらどうなるの？』浅川嘉富著　中央アート出版社

『謎多き惑星地球』（上下）浅川嘉富著　徳間書店
月刊『ムー』２００７年６月号（№３１９）学研

浅川嘉富（あさかわ よしとみ）
地球・先史文明研究家。
大手損害保険会社の重役職を投げうって、勇躍、世界のミステリースポットに向け、探求の旅に出る。その成果は、『謎多き惑星《このほし》地球（上／下巻）』や『恐竜と共に滅びた文明』（共に徳間書店刊）にまとめられている。

5次元入門　アセンション&アースチェンジ

5次元文庫016

初　刷　2008年2月29日

著　者　浅川嘉富

発行人　竹内秀郎

発行者　株式会社徳間書店

〒105-8055　東京都港区芝大門2-2-1

電　話　編集(03)5403-4344　販売(048)451-5960

振　替　00140-0-44392

編集担当　石井健資

印　刷　図書印刷株式会社

カバー印刷　近代美術株式会社

製　本　図書印刷株式会社

ISBN978-4-19-906017-5

5次元文庫創刊！

001　本体533円＋税　お近くの書店にてご注文下さい。

5次元文庫創刊！

002　本体590円＋税　お近くの書店にてご注文下さい。

5次元文庫創刊！

007　本体 571 円＋税　お近くの書店にてご注文下さい。

5次元文庫創刊！

009　本体629円+税　お近くの書店にてご注文下さい。